成功是和自己的较量

王石哈佛问道

王石／口述　优米网／著

北京联合出版公司

第一部分　出入哈佛

第二部分　进退万科

第三部分 回首珠峰

第一部分
出入哈佛

一个年销售额千亿元以上的著名房企的董事长，一个两次登上珠峰的传奇企业家，在他60岁的时候，抛开一切，来到哈佛，跟来自世界各地的年轻人站在一起，重新开始，他究竟是为了什么？他又得到了什么？

郁闷的后进生

我到哈佛的时候，已经预想到这个过程会很难，毕竟60岁要过语言关，不是容易的事情。再一个那是人文荟萃、聪明脑袋瓜聚集的地方，在那里，竞争当然是非常激烈的，环境要求你必须要打足精神。到那里之后，我有两个感觉：第一个是语言，我觉得语言是个环境问题。我说这个再难也可以理解，到一个新的语言环境当中应该会有这样一个不太舒服的过渡，是吧。

但同时还有另外一个问题，就是我还有时间的限制，不像我二十多岁或者十几岁，我到那儿学一年学两年学三年，自然而然语言就过关了。作为我来讲，是访问学者一年。你不能说我到那儿就学了一年语言，除了语言学会了你啥都没学到。所以对我来讲这个是非常紧迫的问题，紧迫在我的时间安排上。

为了攻克语言关，我就安排上午的时间来学习语言。所以第一学期上午是在国际语言学校，下午我才到哈佛校园里去。在国际语言学校，我和十几岁的小孩——最大年纪也比我的女儿年纪小，我和他们在一块儿混，但是混得很吃力。因为毕竟他们十几岁、二十几岁，他们的记忆能力和反应速度，我没法比得上。那个时候我突然体会到什么叫后进生，因为就我的人生经历来讲，从小学、中学到大学，基本属于中等偏上，虽然不能说一直是优等生，但也绝不是后进生。

我的学习为什么叫中等偏上呢？因为我的学习成绩非常不平衡，比如我的数学、化学、物理非常好，基本上学会也不费什么脑筋。但是像语文、外语就非常差，它们之间完全不等同的。一方面数理化那边随便就得90分以上，但语文和外语，我记得只有一次是得过80分以上。得过80分以上那次还是因为作文和上学期一篇很相似，我把上一学期作文拿回来抄上去。因为那个作文是老师批改过的，所以照抄以后那个得了80分以上，其他时候基本上都是在60分、70分出头徘徊。

长话短说，就是我是中等偏上，到那儿之后突然就是后进生了。一下子体会到什么叫后进生了，要克服这些还是非常难的。什么叫后进生呢？就是一提到问题，老师眼睛看着你，你赶快就低下头，生怕他提问，同时眼睛还要装作好像没看到似的，还得装得特别自然。另外还有做游戏的时候，也很自觉地往后躲。因为很多时候玩游戏要记单词，比如说你上去往前一站，你那个小组就给你做动作，就是说让你明白什么意思，再猜出单词。就是不做动作，别人告诉我那个单词都拼不出来，更何况要做动作让我把那个单词说出来？整个事就是这样，成为后进生这件事让我非常郁闷。

我在语言学校的时候，那个学校分成五个级别，一个级别是十星期的课，主要考察你的听力、口语、理解力和写作能力，考完试之后会把你编到相应的级别里去。我当时被分在第二级，第五级是最高的。十个星期一大考，每个星期一小考，考试通过了就可以升到更高的级别。基本上我和他们逼近的时候是一个平级的，但很快老师一讲新课程，讲对话、讲听力，我就显得非常笨、显得智商比较低，这个语言上的差距很明显。

半个残疾人

印象很深刻的一件事是，我去报到的时候他们把我当成了老师。接待的人看了看我，说你是哪儿的老师？当然，我说我是学生。他们很惊讶，因为像我这个年纪的学生大概不多。

我还是相信语言就是应该在环境中学习，但我这个年纪到那里，困难很大，很多时候你觉得自己完全是半个残疾人。因为毕竟我在国内创业、做企业快30年了，无形当中习惯了做任何事情都有秘书安排，到任何地方都有司机接送，搞任何活动都有单位配合。时间久了一切都觉得这些配合是理所当然的，一切都是安排好的。突然到那儿把自己一个人扔到那里，要自己解决衣食住行、自己解决交通问题、自己去办银行信用卡，等等。

我记得很清楚，刚到那里时办卡的事情。按照规矩，得先汇一笔钱到银行里，然后因为我还没有信用，办的只能是借记卡。办借记卡一般来讲需要5分钟，谈完就签表格，签完就成了，就算开完户了。因为你已经开了账户，你就回去等着他们给你寄个卡片、给你办后续的东西就行了。但实际上我是花了一个月、去了4次才把它办下来。每次都是弄了半天，我以为弄好了回去了，可是我等着他们寄却总也寄不到。就又去，捣鼓半天又弄一遍，以为已经办完手续，回去等结果最后还是没有消息。结果我一共去了4次才弄清楚。

还有，出门坐地铁坐反方向，打车找错地方都是常有的。因为不要说在一个陌生语境的国家，就是在深圳，我已经住那儿快30年了，让我自己去哪儿我也不能说十分清楚。何况在一个人生地不熟的国家，一个完全陌生的城市，你自己要到一个没有去过的地方，确切的位置也不是很清楚，搭个公共汽车搭个地铁，根本就是一头雾水嘛，这个问题也很让人烦恼。所以，我说那时我基本是半个残疾人。

带着翻译听讲座

在那里待的第一学期是非常非常辛苦的。上午在英文学校学习，很辛苦，不过当时就是渴望学习，这种苦也没什么。下午到哈佛去，其实也解决不了什么问题。虽然去了，但是什么都听不懂的，所以我就想了一个法子，刚开始没有跟大课，就听讲座。

哈佛作为一个世界顶级的大学，讲座是很厉害的。每天差不多都有四五十场讲座，各个学院、各个系、各个中心办的讲座，都非常精彩非常有价值。比如说台湾讲座讲台湾大选，2011年11月请的主讲人是蔡英文。哈佛的讲座基本上都属于这样级别的。再比如说日本海啸之后的金融政策，来的是日本中央银行的副行长，都是当时热点事件的热点人物，在聚焦谈这个东西。讲的深度、讲的视角都不一般。

这里面还有一个问题。对，就是语言问题。在哈佛做讲座，当然是全用英文，那我是听不懂的，但听不懂也得想办法啊。于是我就雇了一个毕业了但暂时还没找到工作的中国留学生，临时来做钟点工给我做翻译。

一般我都让他和我一块儿去听讲，因为我听不懂，于是他来做笔记。当然他做的是英文笔记。我这个读写的哑巴英语基础还保持着，所以听完课了虽然不知道他讲什么，但是把翻译的笔记要过来，可以晚上回去再看再做功课，也能弄清楚当天老师讲了什么东西。

虽然我听不太懂，但是一方面为了练习语言，一方面我也是个不认输的人。就总是去听，一个单词，一句话，懂一点儿是一点儿，再加上如果有时讲座用Power Point可以看，就基本明白他讲什么了。

再说回去，在语言学校，我和一群比我女儿还小的孩子在一块儿混，混得很辛苦。每个星期一考试，考场上30分钟过去了，一半人交卷走了，40分钟过去了，剩下的人又一半走了，再等到50分钟，基本就没什么学生了。到59分钟的时候，只剩下我一个人，选择题还没答完呢。老师就看着我，说就差你了，到点了，交卷吧。

到最后一分钟我还做不完，还得赶快，没办法最后只能用那个老方法——蒙。反正是选择题，选择题就是乱猜概率上也对三分之一，反正只要填就有对的可能，有三分之一可能，不填它肯定就是错的。

全世界都知道珠峰

我在国际学校学语言的时候，刚开始还是很放不开的。从心理上来讲，实际上一个很大的障碍不仅仅是语言，担心自己说不好学不会什么的那种心理感觉刚开始很强烈。也不单单是不好意思，还有那种憋得脸通红也说不出来的情况，这对我来说是一个能力问题。当然还有感觉人家笑话什么的，但是你一旦省悟到只要不在乎自己怎么样，别人不在乎你之后那就好多了。

所以后来我发现，只要你不在乎自己，人家是不在乎你的。就是这样，刚开始到那儿肯定扭扭捏捏，觉得不好意思，后来才发现人家才不在乎，因为你付钱去读书，你读得好不好是你自己的事，别人是不在乎的。

因为他们对中国也不是很了解，也就没有人关注我这个老头。后来他们发现我是登过两次珠穆朗玛峰的，我即刻在那个学校就成了一个英雄，包括老师、校长，也都这么认为。

当然，我是被中国学生认出来的。认出来之后，因为谈中国的企业他们也不大了解，一说我登上过珠峰，大家都立刻就明白了。大家都想，登珠峰是非常难得的，这个老家伙还登上去两次。这么一来立刻就让你的同学对你有了另外一种看法。至于你的英文怎么样，为什么这么大年纪来上大学人家不在乎。这个说明了一个问题，大家觉得很重要的事情其实是：一个人究竟能不能突破自己。

学习是一个长期的过程

我这次回来，有人说我是游学回来，实际上还没有回来。这次回来我是办签证延期的。原来我定的是在哈佛学习一年，但一年很快就过去了，发现自己还没学到什么东西，所以就把一年变成两年，到2012年年底我依然在哈佛。我和哈佛邀请我的那个亚洲中心，基本明确我在哈佛学习完之后，从2013年开始到伦敦去。之后每年我会回哈佛两次，每次学习一个月，长期和他们就是这样一个关系，当然这样的想法暂时还没有最终确定。

从学习来讲，如果要说自己的体会、成果，应该说主要会在之后的第四学期有一个沉淀，现在这是第三个学期。就我自己来讲，因为刚到哈佛那时候语言不通，自己又硬着头皮往前走，人就处于一种非常紧张的状态。真正放松下来还是第三学期开始之后，人一下就放松下来。当然主要还是语言的问题解决了一大部分，就是听得比较多了，反正听懂听不懂都可以跟人家对话了，这需要勇气，也需要时间。

实际上自己想想，在中国一些老外磕磕巴巴地讲外语，你会忌讳他讲得不好吗？你不会的。同样的，实际你的身份在那里也是一样。只要你敢讲，你不要怕磕磕巴巴，呱呱呱就讲。有的时候你讲什么他们听不懂，不要觉得是你的问题，是他们的问题。要敢讲是非常重要的。

我学语言主要是两点：一是去语言学校；一是听讲座。

当然这个过程在语言学校是循序渐进很正式的。一个课程一个课程学完之后考试，通不过了再学十个礼拜后重新考。通过了之后再逐步去学下一个课程，然后再通过下一个课程，这个是循序渐进的过程，是打基础的过程。

再说听讲座的问题，这个也有技巧。刚去的时候你肯定听不懂。不能说你听不懂硬在那儿听，硬听下去没什么意义。我就是带着我请的中国翻译去的，我努力听，他记英文笔记，下了课我把他的英文笔记拿过来，回来我再研究，才知道今天讲了什么。

有的时候就是这样，凭记忆的话，有很多你不确定的，但有英文笔记在那里，看了就明白听的是这个意思。你不敢确定，因为当时完全没有听明白。那就再上网学资料，再做功课。基本上到波士顿的两个月，就是这样的一个过程，不断学习的一个过程。

学期结束，小翻译走了

在哈佛校园，刚开始我选了三门讲座课程，分别是企业伦理、社会伦理和宗教课。你问我选课的目的是什么？首先还是要考虑语言的问题。说实话，选课的时候，先考虑这老师讲这个讲座有没有Power Point。对不对？因为Power Point我听不懂起码可以看得懂。

当然最后事实证明这个投机的选择不一定有好处，因为实际上，你的视觉能力和你的听力是相互干扰的，当你能看懂的时候你就听不进去了。你以为你听着这件事的同时眼睛也看着它就能帮助你更好的理解，但实际上这对你的听力是没有好处的。

老实说，要看有英文字幕的，当然会理解得非常快，但是这影响听力的进步，所以你必须停掉那个字幕。刚开始不知道这一点，我就走了弯路。

头两个月是这样，因为选择的都有课程方向，大概都知道课程会讲些什么。这么混着听了两个月，多少也掌握点儿规律了，好的能听懂四成到五成，不好的两成、一成。一成的你就硬记，记那一成你听懂的。我觉得可能再这样混就会出大问题，语言就更难搞好了，我就想要改变一下。

原来我是每个下午听两讲的，之后改成听一讲，在一讲之后再和我的那个小翻译用英文来讨论。讨论的时候，我一直要求他讲得慢一点儿，再慢一点儿，实际上他的语速是非常正常的，只不过当时我的听力反应不过来。

我原来计划和他这样训练两个月，但最后只搞了一个月。因为第一个月之后他就找到工作了，这也就迫使我提前丢掉了这个拐杖。当然我可以再聘请一个，那也是比较容易的，但我想来想去觉得还是算了吧，自己再辛苦点儿吧，也就进步得快点儿。就开始一个人上课，一个人听讲座，第一学期也就这样过去了。

从不敢应酬，只盼望星期六

到第二个学期，我的学习重点就从语言学校转移到哈佛校园了，也开始跟着上大课了。这一段我的时间安排也跟第一学期不一样了，上午在哈佛校园，下午在语言学校。上午是从8点半到11点半，下午从1点半到6点。

每天时间都安排得非常满，所以在那里我基本是没有应酬的，尤其没有和中国学者、中国留学生的应酬。这样做主要有两个原因：第一，只要晚饭你有应酬，那就得吃两个小时或一个多小时。因为我一般做作业都要做到深夜的两点钟，只要有这么一个应酬，那作业得做到凌晨4点钟。所以绝对不敢有应酬的。第二，应酬你善于交流的中国人，和他们交流都是用中文的，那每次应酬你都会发现，这对你英文来讲是个退步。

基于这两个考虑，我显得非常功利主义。也有不少的中国人和留学生组织请我去做讲演什么的，我都拒绝了。我不跟中国人应酬，但哪儿有老外，我就到哪儿去。

在哈佛的时候，每一门课程，都有一个大纲，多少课、每课什么时间、每一课要阅读什么资料。这些资料都是现成的，而且都是免费的。为了搞明白这些课程，还可以再单独买几本书去读。但是你要看的话，这个阅读量是相当相当大的。虽然我的哑巴英语还保持着，但根据我的阅读速度，要把它整个阅读下来还是很困难的。因为读书的过程中，你要边读边思考，而且有很多单词你不知道，还得查。那段时间，深夜两点钟以前睡觉是没有的，所以就特别盼望星期六，星期六可以睡懒觉。

残疾人新生了

那时候每天都非常疲劳。第一学期是感到脑袋累，第二学期是感到眼睛累。但是反过来讲，你的脑袋经过了相当长的时间，也经历了相当多的事，已经是经验主义化了，这么多年你根本不再动脑筋，做事全凭直觉反应。这个时候突然发现，就是已经多年不开发的脑袋，突然好像某一方面给打通了。这是很特别的一种感觉，一种豁然开朗的感觉。

另外一种感觉就是，突然你就觉得自由了。背个背包，到哪儿去都可以搭地铁、搭公共汽车，干什么事你都是自由的。这就是从一个半残疾人，到了一个正常人。

因为我在哈佛的原因，万科的一些美国考察团都要来波士顿看看我。到了波士顿打电话我也接，就说什么时候来和我见面，我说你们在哪里，他们说我们住在什么什么宾馆，我说好，我搭地铁去看你们。我在那儿搭地铁很正常的嘛，他们觉得简直是不可思议，怎么老板搭地铁来看我们。我说不搭地铁我怎么来呢，搭地铁很方便。

在这样的状态当中，你完全是另外一种生活状态。语言只是个工具，本身并不能给你增加很多才智，不会的。但给你这个工具之后，就给你打开了一扇窗，你任何的交往，最起码和老外交往你不会回避了。

在那个环境当中，你发现你可以直接和别人沟通了，那种感觉很棒。这一年来我的语速有了大大提高，至少是以前的5倍。所以这时候我就感到，没错，我是和这些比我女儿还小的年轻人在一块儿，虽然是后进生，但是我是跟着他们一块儿走的，没有掉队，在这个意义上我感到我新生了。

这是生命又开始活了一次，完完全全是一种全新的体验。有人说登珠峰可以算新生，那不是新生。在哈佛的这样一种状态，对我来说才是真正的新生。我突然又恢复过来了：脑筋各方面运转，一下就回到了那种年轻的状态。但是我和年轻人又不同，我有经验。比如在这个语言学校，在课堂上做游戏，再死记硬背回答问题也是磕磕巴巴的。但只要是做作文交作业，一定是我作文最好。因为它更多来讲不是一个语言能力问题，这个跟经验有关。所以，当过了语言关，重新开始全身心地学习， 再加上本身的经验，我进步就很快。

在哈佛吃什么

吃饭是这么个情况。我到深圳之后，有一个习惯，就是出国不吃中餐。所以在万科有一个说法，要惩罚谁就让谁和董事长一块儿出国。因为一般中国人三天不吃中餐是受不了的，而我已经养成吃西餐的习惯了。在哈佛吃西餐是比较简单的，早餐就麦片粥、烤面包片，再切个西油脂，这不就是早餐？也可以吃地中海火腿。

中午、晚上基本上是在学校食堂，或者在那个Cambridge小镇，这个镇上小餐馆非常多。在小餐馆里吃，是不耽误什么时间的。

当然有的时候，还会想起上大学的时候吃饭的故事。比如说怎么做粥，把生米放到暖水瓶里灌上烧开的水，往那儿一放，放到第二天早上把它倒出来，也可以直接吃，但那个不香。这时候你再煮三分钟，那个米香味就出来了。

所以在哈佛吃饭对我来讲比较简单。目前我在国内由于应酬比较多，吃饭反而是个负担。所以在哈佛我是非常喜欢这种状态的，尤其是第一学期更有意思。

可能你不知道，哈佛的各种讲座都是管饭的。因为不能占学生更多的听课时间和大课时间，所以上午很少有讲座的，它搞讲座的时间，基本都是利用中午，中午饭时间就是讲座时间。还有再到下午，有两点到4点的，也有4点到6点的。反正不管什么讲座，如果讲座时间是从中午那个时间到下午的，只要你去听讲座就管饭。当然了，也都是些比较简单的西餐和饮料，比如汉堡包、三明治或者土耳其卷或者墨西哥卷之类的主食，也有沙拉，饮料是随便喝的。

哈佛校园这个氛围是很有意思的，讲座都管吃，而且不问你是哪儿来的。你如果想在哈佛蹭饭吃、蹭课听那是非常简单的。当然我是作为访问学者注册的，可以在那儿选择听。

我正常的体重在72公斤到73公斤徘徊。1983年我到深圳是69公斤，之后一直慢慢增长，我给自己定的上限是74公斤。就是只要到了73公斤，要接近上限的时候，我知道我就要谨慎了，然后把体重拉下来。根据我的经验，登珠峰是减肥最好的方法。我2003年第一次登珠峰，两个月下来减了12公斤。2010年第二次登珠峰，下来减了15公斤。当然这个反弹也非常厉害，基本上是半年就反弹回来了，再返回到72公斤、73公斤这样。到哈佛的时候，我的重量大概是72公斤不到，就算是72公斤吧，现在是保持着68公斤。

要说在哈佛吃得怎么样，我说挺满意的。但是在哈佛因为主要是脑力劳动，时间也太紧张，就没怎么锻炼。2011年的10月份，我参加查尔斯的赛艇比赛，提前两个月在室内运动，就参加了哈佛的体育馆的活动。哈佛体育馆非常多，有20多个吧。当然图书馆更多，有100多个图书馆。在那里我进行了两个月的健身运动，参加了比赛，之后就没有什么锻炼了。所以体重方面也没有什么明显的变动了。

哈佛桥的故事

哈佛和MIT（麻省理工学院）这两个学校，因为都在Cambridge那个镇上，它们两个经常互相咬架。MIT是个比哈佛建校晚得多的学校，查尔斯河就是从波士顿进到Cambridge的那个桥下流过去，那个桥过去就是MIT。

但那个桥叫哈佛桥，这个哈佛桥就有很多故事。

第一，为什么这个桥通向MIT却叫哈佛桥？据说当年市政府建这个桥，桥建好了起名字，定不下来就来一个讨论，说俩都是名校，这个桥是通到MIT，但是叫MIT，哈佛会不高兴，叫MIT桥吧也不是很合适。后来想想，哈佛怎么说还是比MIT的历史长些，倾向于叫哈佛桥，然后就去征求MIT的意见。说虽然一过这个桥就是你们MIT，但是人家哈佛历史悠久，准备叫哈佛桥，你看你们有什么意见吗？据说MIT的这些教授和学者很出人意料非常大方地说，我们同意。为什么呢？因为他们研究了，说这个桥结构上有问题，只要通车之后一定出问题。说就叫哈佛桥吧，它将来出了问题也和MIT没有关系。所以就叫哈佛桥了。果不其然，这个桥通了没有5年就塌了，现在这个桥是重建的，这是个著名的故事，你只要去那儿导游就会给你讲这个故事。

但实际上是什么情况呢？修这个桥的时候MIT还没搬去，所以说叫哈佛桥这件事是和MIT没有什么关系的。桥修好了之后很多年，MIT才从后湾搬到了这里。

尽管这样，这座桥叫哈佛桥，MIT的人还总是觉得不舒服。说这个桥是在这儿通过，所以不管如何要创造一些MIT的印记在上面。这个印记是什么呢？是一种度量单位。具体名字叫什么我不记得了，MIT就创造了一个MIT尺度，这个尺度是怎么来的？就是MIT一个学生，他开始要用他的长度身段来量这个桥有多长，他的量度是什么呢？就是他的身长，他就这样往桥上一躺，就像磕长头似的，整个从那个桥磕一下就是量一下、磕一下就量一下，一直把桥全部磕完了之后，到最后还有一点儿距离，最后就剩他耳朵长的距离，就是多少多少MIT尺度加最后一耳。

所以你现在到那个桥上会看到，它都有标尺寸的，长度就以那个人的名字来命名，你会发现那个长度还在。意思就是尽管叫哈佛桥，但是这个桥的长度是我们MIT的。

这里隐藏一个什么故事呢？实际上真正在那里竞争非常激烈的是MIT和哈佛，但是这种互相竞争激烈的结果很有意思，曾经一段时间就是哈佛非常辉煌的时候，要吞并MIT。因为它们都是私立学校嘛，结果双方已经达成了学校合并意见，当然合并不是公平的，是一方吞并一方，就是哈佛吞并MIT。

结果这个决定到了这个州法院被否定了，就是从《反垄断法》来说，你这个影响力太大，否定了这个合并案。所以现在两个学校还是分立的，历史上哈佛要比MIT长得多，但是很有意思的是，诺贝尔奖获得者MIT比哈佛多。

作为我们学生来讲最有意思的，就是这两个学校在竞争，但是两个学校互相注册却是承认的。比如说你是哈佛的学生，你可以到MIT上课去，MIT的学生可以到哈佛上学，不需要再交注册费，而且两边的学分最后毕业的时候都承认。

可以说，第一学期我的讲座的三分之一是在MIT听的，而且现在这学期开课之后，MIT的建筑设计学院开课讲中国的房地产，我准备在MIT听课。因为我在哈佛之后，MIT又向我发出邀请，说希望我第二年到它那儿注册去，我考虑了一下觉得没必要换，因为刚才说过这种互相注册关系，你完全可以在哈佛上学在MIT听课，没必要再跑到MIT换一个地方。因为我还是和哈佛建立一个长期这样的关系，互相注册。

三门课程只听了两门半

作为我来讲，为什么到哈佛去学习呢？很多人问我为什么选择哈佛？不是我选择哈佛，是哈佛恰好发出邀请我就接受了。如果是清华、北大，或是其他的学校发出邀请我也会接受，只不过它们没发邀请。哈佛发邀请那我就去哈佛了，并不是说我要进行这样的选择，这个选择带有相当的偶然性。

我去那是个偶然的机会，但决定学习是个人的一个修为。

做访问学者去哈佛，是要选择填报研究方向的。当时我选择了三个方向：第一个就是社会伦理，是我个人比较喜欢的文史哲方面，一直喜欢。到了深圳我受影响比较深的就是汤恩比的《历史研究》。同时对康德的哲学我也感兴趣，这个不是很容易看懂，但看不懂的也要硬看，也找到了一些快乐。这几年我非常喜欢，所以自然而然选课方向就落到伦理——社会伦理。第二个是和我的专业有关系，就是城市规划和发展。第三个就是环保。

第一学期主要是在选讲座，还没有正式开始上课，我听讲座基本是偏重这三个方向的，虽然听讲座时听力不大好，但非常有收获。

到第二学期就开始选课。这个时候我发现必须要有取舍了，因为我不可能三个方向都听，难度是很大的，根本听不下来，和听讲座完全不一样。所以真正听课，虽然选了三门课，但基本跟的是两个方向。我选了三门课，第一个是资本主义思想史，第二个是宗教如何影响资本主义思维方式，这两个是经济系的。第三个选了肯尼迪政府学院的城市规划和管理相关的课程。但落实到最后听课的情况，因为要看的资料太多，基本就是听了两门半课程，就是城市化规划管理和宗教如何影响资本主义思维方式的课程。至于那个资本主义思想史，基本是跳着听，因为我很多时间是没办法再跟上去的，所以只能算是半个课程。

董事长怎么可以不在

也有人问我，你那么大一个企业的董事长，国内的事是很多的，怎么能够做到心完全沉浸在哈佛去做这些东西。这个心境是怎么做到的?

作为企业家来讲，我去哈佛这件事也不是一个孤立的事件，不是一时心血来潮说去就去了。之前我1999年辞去总裁的职务，就是辞去了CEO的职务，之后就还当董事长。从那时起，我就把我的董事长和总裁的身份进行了非常严格的划分。

辞了总裁之后你就不要再介入日常的事务，但作为董事长，要把握的事情总体来讲就是三件：第一个是战略决策，做事应该往哪个方向来做，你董事长要来把握。第二个是用人，这个事做不做，不做了的话很简单。做的话，谁去做？当然不能是你董事长去做，决定谁去做，这是用人。第三，是承担责任。如果前两个事已经定下来了，那就承担责任，承担什么责任呢？就是只要下面出了事，自己就承担责任。当然这是大概地说，当董事长的一个把握，具体还有很多，这里就不展开了。

一个现代企业制度的建立，是一个很长期的过程。辞去总裁职务之前我也是一直致力这方面的。我在辞去总裁职务的时候有个辞职讲演，讲了我认为我给万科带来了什么：

第一，我选择的行业就是房地产。如果这时候万科再多元化，那当然要做很多东西了，那要决策的非常多，做不做，做不做，做不做，这样决策就很复杂了，成本很大。相反，专业化就很简单，就是只做房地产，其他的不做。关于这个我有我的一些表述方式，就是说因为我不能假定房地产一直很好，不好的时候怎么办？我说不好的时候，可能是我不在的时候，所以我不在这个公司了，你们要怎么改变策略战略，我管不着，对吧？但是我在，你们就不要想做其他的，这就是战略决策，是董事长要把握的，对吧？

但是过了一段时间我又改变了说法，我是这样表述的：我说即使我不在，即使我离开这个公司，即使我离开这个世界，如果你们万科要改变经营模式，我会从骨灰盒里伸出手来干扰你们。这样讲并不是说我阴魂不散，举个例子来讲，这个就等于是战略决策，不能犹豫，战略把握不能今天做这个明天做那个。当然做多元化也是一种战略选择，不是说做专业化才是战略选择。关键是选择了之后就要定下来，不要摇摆不定。

第二，要建立现代制度。不建立制度，没有制度，怎么可以脱身呢？要制度化而不是人治化。人治化那就可能根据这个领袖的情绪了，今天情绪好了他可以网开一面，明天情绪不好，就会犯傻无数。怎样摆脱人治呢？这个就要靠制度，系统的全套的先进的制度。

第三，是建立一个经得起考验的团队。企业长久经营如何，从本质上来讲靠的不是你个人的意志，不是你领袖的魅力，更多的是团队。只有一个强有力的有持续性的团队，才能带来基业长青。

我作为企业的创始人、董事长，做的就是把行业确定了，制度确定了，团队也带起来了。成功经营企业，最后体现在哪里呢？体现在你的品牌上。就是品牌建设，比如说我们优米网、优米学院，这个“优米”就是个品牌。当然现在一提到利芬就和优米是等同的，是吧？做到最后，可能它成功之后，没有人知道创始人是谁董事长是谁。就像可口可乐你知道它创始人是谁吗？你知道它现在的CEO是谁吗？不知道，这没关系。这不影响它们作为一个企业的成功，我觉得这恰恰就是企业的成功。为什么说自己可以长期不管呢？因为我就是要这样治理这样建设的，以这样的企业为目标的。实际上这之前十年我一直在登山，那时也是一离开就两个月，就是公司不管我，我也不管公司，这并不影响万科的正常运营。

对我来讲，本身就有意离开这个公司，虽说我是创始人，我的影响力实际上是非常大的。我随意表态，可能自己认为就是随便的个人看法，不要把我的话当回事。但事实上我只要在，我说的话人家怎么会不当回事呢，人家一定会很在乎我的话。我不在了，他们听不见我在说什么了，自然而然就干扰不了他们了，所以他们是这样一个过程。只不过我是把十年登山告一段落去读书了。当然还有和自己选择的关系，我自己也想读书嘛。所以我就去了，这并不影响万科。

在美国看美国

从我到美国到现在差不多一年了，首先我是力图了解美国社会的。从过去讲，因为我们改革开放就是学习西方的这些东西，从制度到市场到文化。不管你骨子里是不是会产生一种本身的抵抗，但本质是在开放是在学习。在这之前应该更多看人家的优点看我们的缺点，是这样一个学习方式，我有哪些不足，哪些不如别人，怎么样能向他们学习些好的。

到美国之后，在那儿真正亲身感受之后，我反而体会到，我会看到他们的一些优点，也更深刻体会到他们的一些不足。用这样一个抽离的角度再来看中国，也很有意思。在中国的时候，并不觉得我们很了解中国，但是到了那里你才觉得很有优越感，你比他们了解中国要多得多，是真正的专家。你了解中国，他们不了解中国，这是从第一感觉来讲。你再看他们怎么理解中国的。这个时候就会发现很多专家，因为对中国不了解，尤其中国现在变化这么快，他不了解，所以他的很多判断都不是很准确的。

所以在美国的时候，自己反而会更客观地看中国发生的事情。再一个对美国的社会文化，也会用一种批判的眼光来看，就不像过去，这个也是对的，那个也是对的，对不对？就是我学你好的嘛，但是你亲身在那里，会感到他们有哪些不足，这些不足可能对未来是很大的弱点。因为你在那儿能很明显感觉到，他们那里尤其2011年到2012年，美国中选到大选之前的哨战，每天的新闻广播网全是关于大选竞选之间的内容。

你会发现从美国人的意识来讲，美国的就是国际的，就是世界的。就像我们中国过去是中央王国，中国就是全世界的中心。现在对美国来讲美国就是中心，联合国是第三世界国家的平台，第三世界国家在那儿玩去。所以他们国会两院讨论的问题，都是以美国为中心的。就是因为美国考虑的是全球性的，所以你感到他们那种本位主义，他们这种大国沙文主义、大国文化主义特别严重。这样的话你在那儿感到有点儿不能接受，本能地觉得，这样我不接受。尽管你们有很多先进的我接受，但是你们这样一切以你们的价值观为判断，代表天国的你们是代表上帝的，这样不好。

在哈佛的时候，讲到现代战争起源，说民主国家更容易发动战争。为什么？第一，因为它有道德的正义感和优越感，觉得他们是对的。第二，他们觉得自己的制度不会产生独裁政府，因为借用战争他们掌握了权力机构之后，说我可以民选把政府选掉。所以他们这个也是个问题。你在那里反而更冷静更客观地看，看中国发生的事情，看美国发生的事情。

当然同时更深的体会是比较，不是说我们中国和美国现在的比较。经过观察和比较，就会发现，中国现在城市的发展和城市化的发展过程，很像美国的150年前，很像日本的100年前。就我们国家现在这样一种状态，尽管是到了互联网时代、高科技时代，但实际上我们很多基本的社会矛盾、社会生存状态，还是很像美国和日本当时那个时代。

所以你如果认真研究那个时代发生了什么，那个时代别的国家是怎么过来的，显然对中国现在下一步怎么走是非常有借鉴意义的。现在我的兴奋点就是重新来看过去，看日本明治维新时代发生的事情，看18世纪后期美国发生的事情。

哈佛的幸福课VS珠峰顶上不幸福

哈佛的幸福课是个网上课，我没在网上看，我在网上看了它那个正义课，反而是耶鲁一个讲幸福的，我在网上看了，但没看完。因为实际上对于如何解释幸福这个是比较含糊的。

就因为它比较含糊，我觉得不知道怎么来回答什么叫幸福。但是你可以感觉到，生活当中我们中国传统文化更多讲的就是这种喜乐，叫喜乐文化。人们一定会把这种感觉和痛苦、劫难分开。我觉得，如果没有这种灾难和艰苦结合起来的幸福，即使有幸福感也不强烈，也更不可能持续的。

我的体会更多的，比如我到哈佛什么时候感觉，哎呀，就是有点儿很小声地骂他妈的……某一方面你就是这样的，你感到某些方面自己也就是这个水平了，这个劫难再也过不去了，觉得怎么也提高不了了。

哎，突然过了一个礼拜之后，你听课觉得听得很顺畅，看书就这样看，很得意的那一瞬间。但是如果你没有之前的那种困扰、那种努力，不会有这种感觉的。所以你说什么叫幸福呢？我觉得第一，那是需要努力的。第二，这个努力过程当中，要放弃不清楚的迷茫，这时候的豁然开朗让你有一种快感，你说什么是幸福，我觉得这就是幸福。

当然这种幸福，它一瞬间就过去了，但是现在我向你们的描述当中我还是感到很幸福，就是情不自禁的很幸福。这不是向谁表现的，就是自己的一种感受。换句话来讲某种程度上，生活当中觉得不可能的，但是你达到了。但你拥有什么呢？它是没有任何功利的，就是一种突破，很快它就过去了。但是这当中你又在做做做，你突然之间又进行不下去了，这时你会想到，我那时候可是进行不下去我的那种快乐感，说不行，我不能放弃，继续。所以什么时候无意当中，又这么来一下，又自己在这儿小陶醉一下。实际上我想什么叫幸福呢？就是要和它的对立面结合起来，不断地向前运动。

我上珠峰有两次，第一次到珠峰顶上的时候天气非常不好，所以很多人说你是不是一览众山小，我说能见度就20多米你什么都看不到，哪来一览众山小？而且是飘着雪花刮着风，我当时只有一个想法，一定要活着下去，但是能不能活着下去自己也不是很清楚。这是第一次在顶峰的感觉。

第二次又不一样。因为心理预期不一样了，因为我上去过一次，第二次再上就不会那么紧张，不会感到那么高不可攀。第二次天气非常非常好，天蓝得真的是一览众山小。第一次我记得在上面是待了12分钟，匆匆就下撤了。

第二次在上面待了一个多小时，就不愿意走。不是我一个人不愿意走，整个队伍都不愿意走，那个领队催促大家要撤，排着队，大家非常陶醉开心。就因为这一个多小时，而且很兴奋，把墨镜摘下来了，就因为这么一个多小时自己已经形成雪盲症都不知道。因为戴着墨镜，有时候睛雾看不见，必须尽量用余光这样看，实际上用余光看已经在刺激我的眼睛，这样自己完全在暴露下，那一个多小时就形成了雪盲。

再一个更没意识到，我在双眼已经雪盲的情况下，一只眼睛失明。当时我拿着相机拍照，我说照相机坏了，因为里边什么也看不到，我一闭眼睛用左眼，又换个照相机再照还是黑的。我就知道照相机没坏，是我眼睛的问题。也就是雪盲的情况下这只眼睛又看不到了，这个是雪盲、受刺激的眼睛都看得不是很清楚，于是就硬从顶峰往下撤。所以在那个时候就是一个多小时之内非常兴奋，但下撤的时候没有恐惧感，不是说哎呀我能不能下去，没有。心情非常非常平静。

实际上从现在高山医学解释，这就是自己的问题，因为处在非常危险的境地我不害怕，并不是我大胆，而是我的思维很迟钝，不觉得是危险，实际上它很危险，这是最危险的地方。

这是两次登山的不同感觉，登山对我来说只是一种经历，不管上了珠峰几次，都跟幸福没有关系。而上面我说那种突然克服了某种障碍的感觉，对我来说才是真正的幸福。

落后美国150年？

那是不是说，中国跟美国和日本相比，分别落后150年或100年左右呢？不是这个意思，绝对不是说落后。

我们知道资本主义的发展过程，它有几个阶段的。比如说有一个阶段是急速的工业化，急速的城市化，这在美国是150年前开始的，在日本是在100年前开始的。在这个急速化的过程当中，大量的农村人口集聚到城市。以日本为例，明治维新之后，开始出现一个状态，虽然那时候不叫全球化，但实际上殖民主义整个来开拓国际市场，和全球化是有关系的。日本当时劳动力便宜，纺织工业就开始在日本发展，然后搞纺织品出口，出口欧美市场，搞出口导向经济。后来随着经济的发展，就逐渐牵扯到一个劳工普遍的工资低劳动待遇差，工人组织、劳工组织开始进行罢工进行对抗，你会发现中国现在不是在发生吗？

仔细观察你会发现我们的现状，和日本那个时候是非常类似的。由于这样的急速城市化，造成了整个国家的环境问题，污染非常厉害。这时你要来看它是怎么过来的，要学习它的经验和教训。绝对不是说我们现在比人家落后150年落后100年，不会的。因为现在是互联网时代，是信息时代，科技的发展已经跟100年前大不一样，我们的差距远远不会有100年那么大。但就发展的过程来讲，我们跟人家100年前的那个时候是很像的。这个过程人家是怎么处理的，这个非常值得学习。

为什么我说中国现在有点儿像150年前的美国？150年前，美国原来是英国的一个殖民地，殖民地之后才成立国家。实际上刚开始它并不对外侵略，完全是封闭的。它更多是在北美大陆那一带进行西拓，西拓都是法国殖民地和墨西哥的国土。实际上美国是一个封闭的北美大陆，它没有被侵略这样的历史，一直在侵略，这是第一个侵略。

第二个就是消灭印第安人。美国的历史并不光彩。一战、二战之后，它才开始在国际上开拓新兴帝国主义，也就是在19世纪末20世纪初，很快地GDP超过了德国、英国成为世界第一。现在中国这个位置，很像美国当时的位置。我们可以说是和平崛起，可以讲我们不是外拓的一个国家，但是你的资源从哪儿来的？现在是全球性的，资源更多的是从中东、非洲那儿过来的。我们为什么建航空母舰？很简单，因为要保护我们在马六甲海峡的畅通安全性。都已经是个国际性开拓的国家了，我们说什么已经不重要了，就因为我们消耗资源的能力。我们的GDP已经在世界上仅次于美国，我们的资源消费使自己已经成为一个大国。至于其他，只不过是一个怎么来表述的问题，实际上就是这样一个位置。

这就是我们现在，和150年前的美国在国际上的地位，很有相似之处。所以现在美国非常明确地感到，在哈佛的校园，任何现代话题，都没法回避中国。你喜欢也好，不喜欢也好，只要谈论话题，只要谈论环保，只要谈论能源，只要谈经济发展，只要谈经济政策，中国都是必须谈的话题，很明显中国是个无法回避的话题。

但是中国到底现在表现得怎么样呢？可以说我们不干扰你你干扰我们干吗呢？那你想想，为什么利比亚那时候，我们态度比较暧昧，因为我们大量的能源要从利比亚来。为什么现在叙利亚，为什么伊朗，是吧？那个暧昧的态度，其中除了意识形态之外，很重要的一个原因是我们的能源是要从伊朗来的。

所以我们现在更多的来考虑，当年它们是怎么过来的，显然对我们更有借鉴意义。而不是说我们就是比它们落后100年，或者落后150年。

在哈佛验证万科的拿来主义

在万科的时候，我是一直坚持公司的制度化建设的，坚持公司治理结构的持续优化，这在那时是不多见的。这次到美国，在这方面我又有了一些新的体会。

我在不同的场合表述过：第一，现代企业制度是借鉴西方来的，东方文明本身是没有这个东西的，现代企业制度很重要的一个基石就是契约精神，契约精神同时也需要有一个法律制度为前提，恰好这些都是中国文化和亚洲文明比较缺失的。

对于中国企业家的现状和中国企业家的弱点，我觉得和西方企业精神、西方企业家来对比，中国最缺少的是契约精神。

一般说企业讲诚信，说中国人缺少诚信，实际上中国是不缺少诚信的。仁义礼智信这几条最后归到信上，信讲的信任、信用，这个是不缺少的，为什么说现在缺少？这里讲的信任和西方讲的企业家精神的信任是不一样的。西方企业家基督教文明的信任指的是什么呢？是在契约精神、法律框架下可以追诉、处罚的一种信任，而中国的信任是建立在血缘、地缘这样一个关系上，它没有法律框架更不是宗法制度上的。信任自己的血缘、信任自己的家族，哪怕是儿媳妇，哪怕是家乡子弟兵，他有血缘、地缘的一种信任，是农业文明的一种，这种信任是很脆弱的，离开这个圈子就是不相信的、不信任的。

契约精神我们认识不认识不重要，我们要有法律框架签订合同，签订合同就要去执行。中国企业发展到现在还是缺少契约，契约精神的这样一种信任。现在全球化，我们中国现在的企业怎么做？看能不能把西方的契约精神，贯彻到企业的始终。我们看中国的近代，你会发现晋商也好、徽商也好，都曾经有过非常辉煌的时期，也出过非常知名的人物。谈到胡雪岩，谈到晋商的票号，你会发现都和现代金融和银行业非常接近。他们就是那种血缘地缘、师傅徒弟的一种信任关系，而不是契约。比如说原来东家要把总管辞了，觉得他不大可靠，总管没吭气，这东家就纳闷我说了他怎么没有一点儿反应，后来发现总管不来上班不来站柜台，听说他病了，就以探病的名义到他家看，发现他正在写很多书信，问他写这个干吗，你病了在家好好躺着，却听说他要把各地的伙计全辞了，因为东家不用他了，这一下把东家吓得领着全家给他下跪，这样一个事。看中国建立这样的企业信任关系，这个企业怎么能长期这样延续下去？现在的企业制度建立的信任关系，完全是职业经理精神，今天这个人走了，明天换人企业照样运转没有影响。

所以万科基本上是拿来主义，既然是西方来的，那我们就彻底地拿来就好，不要爱面子还要讲洋为中用。在我看来，这个“中用”是需要高度智慧的，首先要有中国文化的修养，同时还要有对西方深刻的理解才能糅合在一块儿。对于我个人来讲，我是经历过“文化大革命”的那一代人，应该说对中国的很多东西，是没有这样的一个学习机会，所以本人对中国文化的东西，是欠缺的，也可以说就是空白的。

改革开放学习西方的东西，既然是西方的东西，那我们就拿来主义吧。但西方你就学习得很好吗？这就是我为什么又跑到哈佛去，也是觉得自己这些年在国内学得不好，所以就跑到哈佛去。这是我表达的第一个观点。

第二个观点就是，尽管我是经历过“文化大革命”，受的中国传统文化的教育比较少，那是文化修养方面。但是，骨子里你是个中国人，耳濡目染的家庭教育、各方面的习惯、生活的习惯，骨子里还是个地地道道的中国人。所以你的处世方式，你各方面不可能是完全彻底西方化的。这一点在搞拿来主义学习西方的时候，也是一个不能回避的问题。

我到美国去，感受的第一点就是，现在西方，尤其是金融海啸之后，资本主义走到今天，学术界现在是非常深刻地，也是批判式地在思考思维方式的问题。我们过去讲问题，要么就全盘肯定要么就全盘否定。在美国我就在反思，如何对我自己的思维方式有一些批判的思想。应该说对西方的东西，应该还是要警惕地来借用，不能完全地拿来就用。因为毕竟已经到了21世纪了，资本主义制度，它不可能是像宗教似的，一直是万能的，一直持续下去的。下面再往下怎么演变，当然要更警惕地去看。但是问题也非常清楚，我们在向西方学习这个阶段还没有走完，要先走过这个阶段，再走下一个阶段。

同时还有一个问题，现在经济全球化的形势不可逆转。实际上万科现在考虑的一个重要问题就是如何国际化。这方面国际化有两个含义，一个方面就是如何按照国际的标准做产品，这个是万科一直在做的，也是做得比较好的。

第二个方面，是万科的业务如何扩展到国际上去。这个对目前的万科还是一个新的课题。当然这不是我去哈佛的主要目的，我去哈佛还是以个人的修为为主的。当然我也不可能完全不考虑万科的问题，还是要思考的。

到目前为止，我认为万科不管在公司治理还是产品标准方面，国际化程度在业内还是不错的。因为实际上在我去美国之前，很多国际化的标准和要求就已经在万科执行了。比如像万科在公司的框架结构上，和不同的咨询公司、跨国的咨询公司合作，聘请他们为雇佣公司。比如万科的战略框架结构论证，这个是和麦肯锡合作很多年了。再有就是人力资源方面，也和不同的咨询公司合作。像每年的客户调查，每一次调查都委托盖洛普，所以万科本身是一直在按国际化高标准要求自己的，不是因为说我出去了，咱们开始用一种新的方法，不是这样的。万科一直以来已经在这方面、在自身的国际化方面努力去做了，当然也在不断地边调整边往前走。

有关日本的一个小例子

我们国家现在这个情况，实在跟日本100年前非常像，日本有太多值得我们学习的东西。我有这么一个观点，如果中国不能认真地研究日本学习日本，对日本没什么损失，对我们却是个巨大的损失。

举个非常简单的例子，日本在泡沫经济破裂之后，就是沉默的20年，好像我们觉得日本已经开始衰退。尤其我们的GDP又超过日本，现在稳居第二，而且这个趋势还在继续，根据预计，可能30年之内就要超过美国。许多人觉得日本就是一个小国家，一个岛国，什么都没有，没什么好学习的。

我个人认为恰恰相反，实际上日本这个民族是非常值得中国人去学习的。当然因为种种原因，近代到现代发生过两次不愉快的战争，中国有些年轻人对日本已经恨到了骨子里，恨到了DNA里。但是仇恨归仇恨，学习归学习。如果由于你的仇恨影响了你的学习，那就是你的损失。

沉默20年的日本发生了什么呢？我举一个简单的例子。我是在2011年的8月份专门去日本考察，这其中我去秋田县看了一个冶炼厂。这个冶炼厂过去是冶炼稀有金属的。因为日本本身是贫矿的国家，所以这个厂就只能紧紧守着旁边的一个小矿。这个矿虽然有矿藏，却是贫矿，各种矿的含量都很少，所以需要冶炼技术非常高。

他们的冶炼技术确实也非常高，但到了20世纪90年代，这么点儿的贫矿也没有了，也挖完了，那这个厂怎么办呢？一位日本的朋友推荐我说，你去看看人家厂后来发生的变化。我去看了之后很震撼。他们那个矿现在早就停产了，因为没有矿可挖了，但是那个冶炼厂还继续冶炼着。它冶炼什么东西呢？这个厂从城市的废家电里炼稀有金属，就是空调、冰箱、电视机、手机这些东西，把它们拆开之后，提炼上面的稀有金属，通过这样的方式去提取金、银、铜、铅、锡，等等。现在他们的技术水准，冶炼能力确实很厉害，这个厂的营利能力已经高于他们之前炼自然矿的营利能力。

还有一个方面也让我非常感动。在那里我们看到工人拆电器，而且相当的工序是需要人工的。要知道，用人工做这个成本是很高的，但这种做法对经济持续发展很好，环保、精细，还解决就业。只是对企业的管理和技术要求很高。这让我感到非常意外，也非常感动。在他们那里还有一个数字统计，告诉我这个行业前景怎么样。自从二战之后，日本成了一个消费大国之后，每年都要进口大量矿石，炼各种金属，包括稀有金属。现在如果计算一下，把城市的废家电全部回收利用之后，在这些废家电里能够提炼多少铜、多少金、多少银、多少铅，会发现日本已经是一个富矿大国。

这个厂是一个民营企业，并不是国家扶持的大企业。不可小觑，这就是日本现在发生的事情，而且这个冶炼厂已经在苏州、天津建了两个分厂。举这样一个小例子，我认为这能够说明日本早已作好应对未来的准备。

我们也都看到了，去年日本海啸之后，日本国民的自律、利他、镇定，实际上你会发现我们是可以从日本那里学到很多有利的东西的，但是你说因为仇恨战争就不学习，你把这些东西都屏蔽掉了，我觉得这样的态度是很令人遗憾的。

一个日本籍学生的故事

我在哈佛遇到一个很有意思的日本学生，是日籍华人。因为他在日本出生的，父母是在日本，所以本身是日本籍。那时他的本科和研究生是在北京一所著名的大学完成的，之后又到了爱丁堡读了一个硕士生。也就是说在北京他读了六年，然后在爱丁堡大学待了两年。我就问他这六年和两年，你觉得哪个收获大？他想了想说，我在爱丁堡的两年收获大。

他说在中国基本没学什么东西。我说那你为什么还在中国待六年？他说了两个理由，他说第一我喜欢睡懒觉，在这儿上大学没什么压力；第二这里的同学水准非常好。因为名牌大学嘛，高考的时候中国的学生生源，很好的学校一定生源非常非常好。他就说了这两个理由，其他我就不想再多说了。他说自己在爱丁堡两年学的东西要比在北京这六年学得多，是有理由的。为什么？那你为什么还待在中国？他说第一我懒，在中国很好混；第二，同学们很优秀。

关于这个例子，我想就我个人对后代的要求，来谈谈我对大学教育的观点。

第一，我希望他能做一个普普通通的人。

所谓普普通通的人是有几层含义的：首先他不要成为社会的一个负担；其次，他应该是一个好的公民，有比较好的品质。至于说能力有多大，能做什么事情，那和他当时的状态有关系。所以这是我的一个要求，就是普普通通做一个人，就非常好了，我就非常放心了。当然我这种要求，只是作为众多的家长当中其中一部分的一种诉求，中国的传统更多的来讲，望子成龙望女成凤，可能这样的要求更多一些。但就我个人的想法来说，成功不成功倒是其次，独立人格是非常重要的。

第二，我希望他有开创精神。

其他的当然根据自己掌握的知识和各方面的条件来判定，譬如在大学读书，在大学就是要学一门专业。如果到了硕士生、博士生就更要专下去了。我觉得有个人的人格、有独立的自主精神更珍贵。

实际上中国的改革开放是在解决什么问题呢？我以为它本质上就是人性的一次解放，我们传统的中国社会，更多地强调集体主义、团队主义、家族主义、国家主义，把人作为一种集体的依附。改革开放这30多年来，应该看到改革开放主流是人性的大解放。作为新时代的年轻人，应该去追求这种独立人格和开创精神。

我记得我去哈佛之前，参加一个哈佛的夏令营，两个月在中国。哈佛的本科生在中国的夏令营，他们那批70多个人，就是本科生到这儿来访问，他们做了一个演出，给我印象非常深刻。而且讲明了其中有两个跳现代舞的，就是他们毕业之后一个学法律的，一个在学什么我不记得了。他们毕业之后一个被休斯敦，另一个被波士顿这两个专业舞蹈团聘请了。但是他们在哈佛全不是学这个的。

这个给我印象非常深刻。我记得哈佛亚洲中心中国基金的执行主任上台致词，他说哈佛学生，除了学业之外，一般具备三个条件之一，或者兼有。哪三个条件呢？第一文艺非常强，吹拉弹唱都会。第二，体育非常强。他说第三个我没有想到，他说的这个第三不是交际能力，不是活动能力，也不是喝酒能力，而是苦难经历。他请了一个女学生上去，他说这个曾经是越南难民，那种漂流逃出越南到美国的经历让哈佛很珍视。他们认为这种苦难经历是一种财富。

在哈佛享受辛苦的学习

我在哈佛的学习是很辛苦的，有不少人觉得不能理解，我干吗要去吃这个苦呢？这么大年纪了不享享清福，干吗自找苦吃呢？我想，这个跟对吃苦和享受的定义不同有关系。

什么时候我会觉得是享受呢？比如说我在那里觉得最快乐的时候就是渡过对我来讲难以通过的一个难关，但是过了。譬如我的阅读速度突然提高了，突然很多原来很难懂的书，看得哗哗哗看得畅通了，突然感觉到一种升华。突然感到我在这个世界上，拥有了一种新的和别人交往的能力。这个时候就让我觉得很享受，我也不觉得这个过程是吃苦。人到了我这个年纪，胃已经很有限了，有些人可能牙也已经开始掉了，吃喝玩乐已经很难成为真正的享受了。对我来说真正的享受是什么呢？我觉得是还有一颗好奇的心，还有一种自我不满足。努力去满足这个好奇心的过程我就很满足。

实际上从某种角度来讲，人类之所以区别于其他动物，很重要的一个就是对自我的不满足。所以作为人类，你一定要有一种不满足的状态，不断学习不断进步的一种状态。如果不是选择去哈佛学习我可能就航海去了，航海遇到更多的是物理上的、身体上的一种挑战一种折磨。为什么去做那个呢？我觉得这个过程是我需要的一种享受，这是对自己的一种不满足的进取。享受人们晚年的那种享受，我也不感兴趣的。

也有人觉得我在哈佛随便学学就好了，年纪也大了，不要搞得那么紧张。但我在哈佛首先需要把这种语言的工具掌握住。这不是说我可以随便学学的，我必须真正地学才可以掌握，我不是到了美国就无师自通的天才。对我来讲，这是必须得过的一个难关。

第二个，我和年轻人相比最大的一个限制在什么地方呢？就是时间。时间对年轻人来讲可能是无限的，相对我这种年纪的人而言的无限。但是对我来讲不是，因为我已经60岁了，而且我把语言当成工具，并不是当成个游戏。就是我能把它学会了，我才满足。也许悠闲地在那混三年我语言也会了，但对我来讲是没有这个时间的，对不对？所以我必须刻苦。

对我来讲，说实话，可能这次不抓住机会学习就没有第二次机会了。不可能说过两年语言没过，我再来两年学习语言，那是不可能的。对我来讲时间很紧张的，就是这一年你过了就过了，你过不了也就过不了了。换句话说，我知道对自己的期许是什么。

哈佛也有很多年轻人，有一些不怎么用功的。我可以感觉到他们不努力，但我相信四五年之后他语言是没有问题的。他们有时间，他们可以来浪费他们的时间，他们有青春。但是我是没有的，我必须努力抓紧时间学习。

所以我在哈佛的学习，已经延长一年了。为什么延长一年？因为我觉得这一年，没有学到想象中想要学的东西。这其中很重要的一个原因就是，我很紧张地在过语言关。语言关过了之后，我才能真正自如地去交流，要学的东西才能真正地去学，所以延长一年。

延长一年学习之后，等离开哈佛的时候我已经63岁了。这时我才能去伦敦，然后我再去计划的耶路撒冷，再去伊斯坦布尔。和很多青年人和中年人那种求学的状态，这种紧迫感是不一样的。

就是这样，在哈佛的学习很紧张，但我不觉得是吃苦，相反我觉得很享受。

找工作VS创业

从大的方面来看，中国经过30多年的高速增长，现在社会也进入了一个转型期。会出现各种矛盾这是很正常的，因为我在哈佛期间也接触很多留学生，他们对要不要回来，是有些彷徨的。我们相当一部分过去的留学生，因为身处国外更倾向于在国外找工作，但是也有愿意回来的。

在西方的金融危机之后，现在找工作也不是很容易，再看到中国的经济发展，也看到刚才提到的这些问题，没有办法判断未来前景怎么样，所以很犹豫回来不回来。

那我说转型当中就会有不确定因素，就看不确定因素你怎么看。看当中不确定也可能向好的方面发展，也可能向不好的方面发展，回来就是一个风险。正是一种不确定，才给我们这些海外归国的留学生带来机会，如果什么都确定了，哪有你呀？市场发展得很好，我们都在这儿一直耕耘，像利芬他们都回来创业了，说你现在回来已经来不及了，顶多是在优米网上当一个小编辑，你再创业没机会了。

而正是因为这种不确定，还是有机会的，我们不知道会发生什么情况，会出现什么样的机会，所以就从两个角度来看。如果我们从消极的眼光看是一种处理方法，从积极的眼光看那又是一种处理方法。因为我是1983年到的深圳，一直看着深圳是从一个20万人的边境县城，扩展到现在的1400万人的大城市。你说它有没有问题，有非常非常多的问题。中国有没有问题？当然有非常多的问题。我的基本看法是谨慎、乐观，谨慎、乐观就是不确定，从积极的角度看这个事情，这么去处理问题。实际上很多态度是非常重要的。

但是社会在变化，市场在变化，很多事情你是预料不到的。国际上发生的事你预料不到，国内的一些事你也预料不到。但是你怎么看，角度是不同的。所以我觉得对于年轻人，要想创业，第一个要看是不是有一种你要做一番事业的动力。像利芬做优米网，如果她没有想做一番事业的动力是不可能的。第二，仅仅有这个动力是不够的，是吧，还要有一颗坚强的心，要忍耐各种磨难。第三，有时候你要看运气，如果没能成功的话，我想最起码你努力了，你不会后悔，顶多说自己运气不好。如果你都不努力，运气在那儿你也碰不到。

所以说对年轻人怎么说呢？第一，中国现在处在一个大变革时代，机会是非常多的。不说心有多大事能做多大是吧，但这个是有关系的，你连这样的心都没有，不可能做大事。第二个你能不能经得住磨难，不能因为一件事就来抱怨环境，感谢这是对你的一次考验，感谢命运对你的考验对你的检验，机会是非常多的，这是我想说的。

年轻人最大的难关是不敢面对

我觉得人最痛苦的还是得不到爱情的时候，那种煎熬、那种期盼、那种嫉妒，那种痛苦是别人体会不到的，当然我已经过了那个年纪，我是过来人，知道那是其他感受没法取代的，那真是要死要活的。

对人生当中的经历我的体会是这样的，再痛苦再觉得熬不过去，可是到晚上总得睡觉吧，相信明天太阳总会出来的。如果说我有什么特质的话，往往压力越大越不知道怎么过，到睡觉的时候什么都别想，醒了当然事没解决心情还挺沉重的还得继续面对。我个人觉得在年轻的时候最大的难关是不敢去面对。

你不敢面对，有多种原因。恐惧是其中一种，还有就是害羞、羞于见人。种种原因导致你不敢面对，我个人觉得是这样的。但我现在作为一个好像非常成功的企业家和年轻人坐在这里也带有相当的偶然性，我并不认为理所当然就是我，你看我怎么成功怎么有特别的禀赋，我怎么讲我怎么能干，我就和你们不一样，其实不是的。有些体会可以说一说，当时做节目，每年的“十大经济人物评选”，我给他们做托告诉大家积极关注，对我提问，我来回答，我觉得现在对着镜头很自如，但让我背台词，可能很简单的台词背五六遍我都不会。我想跟我30年前第一次创业到深圳，第一次面对新闻记者没有什么差别。而且现在比较好的是什么呢？不像当年冒那么多汗，因为你磕磕巴巴的是一回事，再一个你满头冒汗，人家觉得你这个人是太沉不住气了，我现在不会冒汗了，你们知道为什么吗？

这个说没汗可冒，那个说感觉看透了，还有吗？

其实不是。紧张还是紧张，但是为什么没汗冒了，就是我只要做节目，半天前我就不喝水。这个很简单，就是说人很多是基因已经决定的，这个是你想克服也克服不了的，总得想办法找解决方案，什么解决方案呢？就是不喝水。

实际上你说我很老练，不是的。该紧张还紧张。你不要把成功的人看得那么神秘，因为你把他看得神秘看得很伟大，你会觉得自己很自卑。你觉得人家成功是理所当然的，不是的。

我想说一个什么问题呢？成功带有很多偶然性，偶然性是给有准备的人准备的。咱们都差不多，但是我有准备你没准备，这个偶然性到你头上就是没成功，到我头上就成功了。

机会之前的准备不要太功利

我的经历应该算比较丰富，这个应该说和家庭的教育、家庭环境有关系。我们家庭是姊妹八个，姊妹非常多，父母都工作，根本顾不上我们。我记得很小的时候，大概是9岁，母亲让我带着一个弟弟一个妹妹回老家。老家离我们那个城市有2000公里，中间要转两次车，转车后还有15里山路。所以小时候就形成了非常强的走南闯北自立自主精神。“文革”中间去当兵，当兵回来当了一年工人，对，汽车兵。当兵时很想当职业军人，当时选择不多，可是没一年我就知道自己不具备当职业军人的资格，因为我属于自由惯了的，非常强调自己的自主意识，所以很会和班长和排长对立，后来我发现我不太适合当兵。

我初中二年级当兵，在当兵期间，把我大姐高中数理化的书要来，在部队晚上躺在被窝里拿手电筒自学。星期天到街上买些瓶瓶罐罐回来进行化学实验，因为化学不经过实验是没法往下进行的。

没有实验室，我只能自己动手进行。在部队五年中，整个从初三到高三的课程，我数理化一点儿障碍没有，但是语文方面不行。实际上虽然在部队上我不想待了，但是我还自己认真自学基础课。回来当了一年工人，当然好好当工人。我又非常认真地自学两门课程，一个是英文，一个是政治经济学。怎么都没想到1983年到深圳，一个是发现我的英文比较强，我的阅读能力我看的信息，都比别人掌握得多。第二个学了政治经济学原理，价值、价格和对市场的把握，让我立刻进入了市场的状态。在刚才说之前这些事，我从来没有想到它会用得上，但你当做一门知识非常认真地去自学，不知什么时候就用上了。

机会是给有准备的人，我作了准备。不要太实用主义，不要说我今天学什么，我到底要干什么，一定要把自己终身联系到一起。可能你的处境很不如意，比如我1983年到深圳创业，不是刚开始我的英文、政治经济学就用上了的，我当时贩卖饲料，是和农民工一块儿扛麻袋，150斤的玉米和他们一块儿扛的，扛了之后休息，他们农村来的农民工非常不理解我为什么这样做，我的打扮看着斯斯文文的，看着像城市里长大的，我带着他们扛麻袋。他们问我王先生你怎么跟我们干这样的活儿，我当时心里怎么想的？我这样想“燕雀安知鸿鹄之志”。你们能干的我能干，但我能干的你们绝对不能干。

我强调我这段经历想说明什么呢？我们大学毕业生自己的身段放不下来，现在大学扩招之后，宏观调控大学生就业成了一个问题。实际上很多的地方有比较低端的就业，现在劳动力缺口非常大。我们大学毕业生好像只能上不能下，几百万人都集中到招收20万公务员上了。

实际上从一辈子来讲，放下身段的经历可能会让你在家里没面子，你在同学面前没面子，但这个经历对你人生来讲是非常重要的。

可读之书非常少，读书是最好的“阅人”

人生是很有限的，时间是很有限的，因为现在是知识爆炸时代，可以接触的信息非常多，如何筛选出对自己有教育意义的信息这非常重要。我觉得看书有点儿像登山，把它当成爱好是另外一回事，比如十一长假我登了七天山回来了，好像说在图书馆泡十天是这个感觉的，当成一个爱好是一回事。我的理解，读书无非这几个特点，第一个你大学毕业之后，你不是以读书为主吸收知识为主的时候，读书首先是消遣，比如说我的消遣看两类书，一类是这种侦探的书，动脑筋的。

推理是我非常喜欢的，再一种看哲学书，什么时候看哲学书？睡觉前，那个催眠效果非常好，这个叫消遣。再一个来讲知识类的书阶段性非常强，它有效果问题。某一方面的知识你要非常针对性地来看，这样看又分两种，一种精读一种泛读，精读一本书可以反复看四五次，泛读你是大概知道意思。我是这样的读书方法，连续看几十万字做几万字笔记这样的比较少。写书，我不才也出了四五本书，我在写书的时候，要看大量参考书，看书做笔记，半夜起来得这样写。书对我来讲，实际上可读的非常少，当然像许知远那样的是独立公共知识分子就要读大量书籍。

现在知识时代秀才不出门便知天下事，不一定这样做，但是走路是经历，经历是非常重要的。阅人无数是更无从谈起了，大家每个人都有手机，手机有很多通信号码，你会发现除非你是接线员，或者是做接待工作的、搞导游的，基本上用到的电话不会超过30个。

你经常联系的可能30个都不到，因为人能接触的相当窄，多过这个范围你接触不到。除非第二大脑的开发有非常强的交际能力，人的交际是非常有限的，选择交结什么朋友是非常重要的。

但我个人觉得读书是很好的交朋友，比如说你读米兰·昆德拉的书，实际上你就是认识米兰·昆德拉这个人，他的处世哲学，他是怎么看这个世界的？你交朋友交什么？交他的文风，交他的处世哲学，还是交他对社会嘲讽的态度？这个你要很快找到定位，然后很快吸收。比如我刚才讲的康德。谈康德的东西，要从哲学层面更多的理解，我在读康德对于美学的认识，哲学更高的层次认识来讲是美学的认识。从某种角度讲，人一定要美的，不美为什么要对称，他在生长的时候，我们人要动手术打开看，里头很恶心的，不好的东西他一定掩盖起来了。但这不是主观上做出这样一个东西，从这个层面你去认识这个社会，再认识这个世界你会完全有另外的一个新的视角，你不是为了我读康德，这个不重要。你通过读书来交朋友，而且它不需要付出那么多的感情，交朋友要耗费很多精力，有时候不理解的时候很伤神，但这个不需要。读莎士比亚时你没有和莎士比亚特别难舍难分的感情，没有。我觉得对我来讲读书非常重要，阅人不可能无数，更多阅人还是通过读书。

那个时候没事就读书，最容易消耗时间就读哲学书，当时正在读一本西班牙哲学家写的《人生的追问》，写得很通俗，让我受益匪浅。那时候读《旧约》我不是从信仰的角度读，完全是从对基督教的理解，基督教一定要追踪到《旧约》的犹太教，比如现在对亚当夏娃吃苹果有另外一种解读，比如说为什么不是亚当去吃而是夏娃，你们知道为什么吗？

亚当不敢，所以夏娃选择迈出第一步，她很勇敢很智慧，她吃了苹果，然后告诉她的先生让他吃，吃了之后俩人一块儿离开了伊甸园，为什么上帝给亚当造夏娃是用肋骨来做，为什么不是用他的眼睛、他的耳朵、他的鼻子呢？因为如果用眼睛夏娃就会好高骛远，用耳朵她就会偏听偏信，用嘴巴她就会多嘴多舌。用他的最不重要最不显眼的肋骨做夏娃，结果他不希望的特点都有。

从新的结构来读显然实际上是女权主义的结构，亚当是胆小怕事的，不是敢作敢为的，是被夏娃引着走到真正的伊甸园——人间。我读这些书，因为我不是信徒，信徒读是另外一回事，绝不能有任何的怀疑，但我们是无神论者，所以可以从另外的角度来解读。

汤因比的《历史研究》

我到深圳来之前已经32岁，我是比较喜欢读书的。刚才讲实际上自己从来没想过做企业家，因为在经济上我也不感兴趣，但读了很多书，对一些西方的制度和文化，从某种角度讲是自己非常愿意接受的，因为和现在的社会有很大的反差。在20世纪80年代，我印象中最喜欢的一部书，包括现在也是，就是汤因比的《历史研究》，到目前对我影响还是相当大的。

世界文明史方面我是读得比较多的，分类一共是17种文明，华夏文明是其中的一种。几大古文明像古巴比伦、古印度、古埃及都衰落了，那为什么华夏文明还能延续到现在？它的结论很有意思，结论就是因为有少数民族的入侵，不但把野性注入中原，把本该腐朽的文化、把野性的血液注入进来。就十七英里的线，实际上是长城的那条线，那边是游牧民族，这边是农业民族。不断被游牧民族骚扰，甚至形成了唐朝元和和亲，这样民族才能延续下来的。我当时读了觉得不理解，现在也接受这样一种观念。

这个东西和现在企业制度，还是有一些联系的。

你接受西方的东西你就来比较了，他这个历史研究当然还是西方主义者，他是以西方为中心的，基督教文明认为这个是不会衰落的。那你做企业的，明天怎么样你当然不知道，还有明年、后年，就慢慢开始考虑两年之后五年之后十年之后，你做个什么企业，你开始有竞争意识，你开始有好胜意识。更多的是学习日本，企业做得非常成功，二战之后无论是家电、汽车都非常值得学习，尽管战争原因使我们对日本有一种抵触情绪。

作为我来讲逻辑很简单，抵触它是一回事，不接受它优秀的东西又是一回事。不接受优秀的东西对他们没什么损失，损失的是你自己。我是从甲午战争、二战侵华战争的影响，真正去了解日本民族企业。当然有索尼、丰田、松下这些很好的企业，和其有生意上的往来，和丰田没有，主要是索尼和松下。也去美国和欧洲。

像万科实际上就是翻卖索尼的专业声像设备，很早就开始，记得我第一次去日本是1986年，那次我除了看索尼的两个工厂之外，另外被朋友安排去精神病院里住了两天。因为当时的日本经济泡沫还没有破裂，正是经济高速增长的时候，人们非常紧张，很多人患了精神病，我记得很清楚，当时和精神病院的院长进行了一番深入的交谈。他对当时日本的这种模式很忧虑，没错，经济是发展起来了，物质也是丰富了，但是人们的思想，找不到日本人本源的东西了，院里的景象和这番交谈给我的印象非常深刻。再联想到现在做企业的种种，这些经历都非常有启发意义。

企业伦理哈佛见新知

由于我学习才一年，说我有很多新的认识，那是有限的。更多我是从方法论上逐步地去有一个学习，而且不是很实用的那种。其中一个就是我来到底解决什么问题。企业伦理实际更多是，我觉得哪些是应该的，哪些是不应该的，哪些是错的，哪些是对的。对企业来讲，在中国，选择更多没有绝对的标准，而是一种拿捏。我们都知道很多做法是不对的，但是大家都这样做。

对于万科这么多年，应该说我们刚才讲了学习西方的制度化、透明，也讲团队的一些底线。比如说我们的底线就是阳光交易，绝不行贿，我们就这样走过来了。总体把握是洁身自好，就是自己不做，自己觉得应该怎么做。但是2008年对万科应该是个转折，因为我觉得这么多年创业，是我个人的经历，但是对万科来讲，第一，大家不一定很赞成，但觉得王石这个人很特别，万科很特别，就是说，不一定很赞成但是很赞赏，觉得在中国这样来做不容易。

2008年对于我们来讲冲击非常大，因为2008年是我们带头降价，同行不降价，地方政府也反对降价，我们遭到很大阻击。第二，汶川地震，我谈了关于公益活动的一些观点，现在我也不认为我的观点错，但是却遭到了极大反对和唾骂。我第一次感到现在这样一个社会环境里，我个人对万科是相当不利的，当时这是情绪化的感觉。再往下就感觉到，万科洁身自好的时代已经结束了。什么意思呢？就是我个人的影响力比我想象得要大，万科的影响力要比万科人自身认为的影响力要大。但是我们还是做一种洁身自好，就不行了，因为社会对你的要求更高了。比如说这时候你再自说自话，你再来讲没有任何策略的，想怎么说怎么样来，适得其反。你必须要承担一种道义上的责任，如果你认为这样做得对，你还影响对方。

从紧急处理公共关系来讲我们是非常失败的。当然一旦认识到，这个社会需要我个人或者需要公司的这种影响力的时候，要迅速反省自己，为什么你的本意不是这样，会得到这样的一个回应。就来检讨这个事情怎么去做。

到我现在的认识来讲，实际上是觉得现在社会转型当中各种风气不好，甚至更多的经营环境不好，需要更多的来约束自己。比如说，万科过去不是很大，你要自己怎么要求自己，自己做大相对来讲不是很难，但现在突然已经扩大了，很大的，是在53个城市，一个城市做的项目十几个。这么多个局面的时候，你能不能控制这个局面，能不能做到，你还要坚持底线，从观点上这是个未知数。如何能做到继续这样，你就要真正在管理上要下工夫，而且要从道德层面上更多地去推行。

有有利有不利，有利的是什么呢？因为你品牌已经知名了，你影响力扩大了。或者你推崇一种理念会比以前容易得多，这时候你更得多检讨。第二你更不能说，你的优越感说我这样做，你看我是道德很高尚，其实你根本不高尚。因为你刚才说，你要影响更多，在你的理解里对方就是这样做，很多他是不得已而为之的。

所以这时候更多地要思考，不得已而为之之后怎么办，你不能一直不得已而为之。所以就知道光万科一个企业是远远不够的，要影响更多的企业。但好在万科在中国，它不是孤立的。如果是孤立的万科一家，它绝对是存在不下去的，在各个行业，包括互联网等其他行业都会像万科这样的，更多的是通过人的影响。

所以我现在有一句话就是说，我们谈到社会环境，感到社会环境不好的时候，要多想想自己是怎么做的，从自己做起。这件事是四年前我去金沙江漂流，非常深刻的一个感受，大江水流湍急，但两边是峭壁。我发现峭壁上都是潺潺流水，很快就明白了，这个大江这个滔滔的江水就是这一股一股潺潺的流水形成的，我们每个人，我们每个企业，就是那一股一股的潺潺流水。如果每个人做的都是正义的，自然汇成大江就是正义的。

不要浮躁，降低身份做好自己

浮躁心态是现在普遍的一种存在，大家恨不得今天读一本书明天就能马上见效，上午一句什么警句下午一说出去就可以得到大家的赏识。太浮躁，这是我想说的，我们的年轻人现在都太急于求成了。当然我得首先批判自己，我也有急躁的时候。

第二个我想说的是什么呢？就是对未来我们是不大清楚的。我做了很多事情，但下一步做什么呢？我不清楚。你觉得对自己不满意，觉得委屈自己，觉得你想干一番事业，这个是明确的，但其他你想做什么一切都不明确。

当然原来在主流体制中，我曾经也想当官。我想说的是即使我做的是我很不愿意做的，只要我在做，就把它做好。刚当兵的时候我想当职业军人，很快发现绝对服从组织命令的那一套我不大适应，要追求自由追求一种理想，天马行空的怎么去当指挥军官，但我当时是非常好的士兵。复员之后当工人，那时候我是汽车兵，汽车兵很好找工作，可以开小车开卡车开公共汽车，自己选择。我都没有选择，我选择抡大锤，不是我愿意干，因为给我的选择是开车还是抡大锤，因为我不愿意一辈子做司机，我选择抡大锤，在工人里我抡的最好，所以我们工厂里就一个工农兵学员名额，那老师傅推荐的就是我，推荐的学校我不喜欢，专业我也不喜欢。但是那三年时间我没有浪费，我非常认真地学经济学，认真地学英语。当然还有专业的事情，之后到外贸，这之前做的自己都不满意，所以才到了深圳。但是我做哪个都是非常认真负责的，到了深圳之后才无意当中发现，我就只身闯，前面那些都是鸡肋。

可能你现在不如意，你不妨降低身段，从可能你不愿意做的做起把它做好，再一步步做好，这个机会一定会对你开放的。反而急于求成、急于进大公司，要马上表现、马上要个身份，包括你说大学一毕业两年的时候，都想着当Facebook的创始人，这当然不行。

我想说两点，一个是不能浮躁，当然我也有浮躁的时候，我也沉不住气，到现在才发现，沉静是要时间积累的。第二个是当你在做自己不愿意做的事情，不妨降低身份，因为我32岁到深圳创业之前在省经贸部混得不错的，不是被处理下来的。那我到深圳开始是和农民工一块儿搬麻袋的，而且扛得很欢实。人家货源主任因为这样才赏识我，他说第一眼看你怎么一个城市人的打扮，干体力活干得这么欢实，看你不像是被惩罚的，不像是犯错误的。我那时候已经是33岁了。

对，不要浮躁。降低身份做好自己，把事情做好。说起来非常容易，但其实这一点非常难做到。这是永远和自己作斗争的一个过程。

我也经历过始终在和自己作斗争的这样一个过程，只不过现在斗争容易一些就是了。

对80后刮目相看

对80后的全新认识，我觉得还是从超女开始，湖南卫视的超女。我关注它并不是说我很新潮，恰好是我成都的一个朋友他们赞助这个项目，我很好奇他为什么赞助这个项目，就来看。一看就被吸引了，吸引我的是以下几点：

第一，发现她们很多老歌新唱。当然和重庆唱红歌不一样，很多老歌用新的节奏来唱。因为我们是过来人，老歌对于我们很熟悉，再用一种新的节奏来唱就感到非常亲切，很愿意看，这个和常规的文艺节目很不一样，很有新意。

第二，更吸引人的就是，发现这批女孩子每次最终都要经历一个环节，叫PK，我觉得这个太残酷了。比如说十个人PK下去一个，那肯定是下去之后再上来九个，那个就没了。不服被PK也得面对，这个不是得面对，信一拆开，早写好如果你被PK掉你是什么感受，在信里提前写好你被PK掉了，她在那儿念，一边念一边哭。哎哟，我看得心惊肉跳，我想我可是受不了这个的。

显然过去对这些独生子女我是不看好的，一直认为他们就是娇生惯养、家中的小太阳。包括我女儿，我对他们不看好，心想他们怎么接班怎么办呢？我从超女看到了，新一代的他们是在商品竞争的情况下成长起来的，他们对于竞争能够比我们更坦然地面对，失败就失败了，坦然地面对，哭一场就走了。

再一个我更看到了，他们强大的组织能力。通过短信互相沟通，整个所谓的粉丝团，都是强大的后援队伍，都是非常有组织能力的，用现在的工具，效率非常高。我突然意识到，我们面对的下一代是和我们完全不同的一代人。所以从那之后，我见人就建议他看超女，为什么？就讲我的体会。见到政府官员就跟政府官员讲，我说为什么呢？我说你们将来招的新一代公务员就是这些人，我说你们对这些东西不了解你怎么用他。包括万科也是一样，要用这些80后、90后，你怎么来认识他们？

所以如果说过去我们只看到了他们的缺点的话，通过超女之后我就看他们身上的优点。你说怎么看年轻人，就这样看年轻人，当然他们有希望。

管理自己的三大法宝

我生活到现在已经61岁了，很多人都问我如何管理自己，自制从哪里来。那我要问问你有没有几种东西？第一，你是不是一直保持着好奇心，我觉得非常重要。小孩儿有好奇心，年轻人有好奇心，到了中年还有吗？到了再大的年纪还有吗？

第二个，有好奇心的前提下，你有没有还觉得对自己不满足。好奇心和自我不满足，所以我同时发现，到了我这个年纪还有好奇心，还有自我不满足。所以我刚才讲说到那儿去混一混，其实完全不用说我到那儿混一下，因为我没有必要去混个文凭。恰好对我的压力来讲，到底这一年我能学什么东西才是我最在意的，但是我突然发现很快时间就过去了，我没学到什么东西，所以我再努力让它再延长一点儿。

这是我对我的一个要求，因为你一定要非常明确你的目的是什么。比如像登山，那就是一座山比一座山高。我想说第二个问题是什么，实际上就我人生到现在来讲，很多目标并不是非常清晰的。

刚开始，我从来没想到要登雪山的，那是1995年发现我腰椎四骨之间有个血管瘤，当时医生说我可能瘫痪。当时我第一的反应就是，我一定要在瘫痪之前去趟西藏。我去看看珠峰，是看看珠峰。到了珠峰大本营，两年之后去了西藏，在一个珠峰大本营遇到两位登山家。他们根据我说的情况，说你可以登山。看你这么顽强你也可以登山，当然不一定第一座山就是珠峰，可以从四千米、六千米、七千米这样的开始。我回来就开始训练，但那时候仍然觉得登雪山对于自己可望而不可即。

第一座雪山是6100米青海的玉珠峰，上去之后当然又想到要登第二座，第二座之后就想登第三座。当然，我登这个第三座的时候差点儿没回来，因为连续登上两座，自己自信心一下就爆棚了，一下就觉得自己了不起。完全把当企业家成功之后那种自信，用到登山上去了。那次回来之后就知道了，登山逻辑和搞企业逻辑完全是两回事。任何的自大任何的自负，任何一个疏忽，都是以生命为代价的。

到了2000年，就完全老实了，完全不是以企业家的这种感觉去登山了。完全就是一个普通的登山者，那年是登了7500米的那座山峰——珠峰北坡。上去之后就想着，哎，我正好49岁。心想说50岁的时候我要送自己一个生日礼物，什么生日礼物呢？就是我要成为运动健将。因为中国的登山运动健将有两个标准，一个就是两年之内登两座7500米的山。一个就是世界上一共14座8千米的山峰，你只要登上其中任意一座就是运动健将。我想我已经在2000年登上一座了，2001年再登上一座，我50岁的时候就是运动健将。接下来就朝着这个目标努力。

2001年我登上了，就是慕士塔格——7500米。一达到登山运动健将了，你目标就不会到此为止，队友说你还登什么山，已经是运动健将了，50岁的运动健将，像这样的，中国只有你一个。我可以说我完全是，但之前说还是对自我不满足。我达到运动健将，珠峰是我的目标了，而且不仅是珠峰，还有世界七大洲的高峰。

在完成之前你当然得知道，登上世界七大洲的最高峰已经有100多个人了，但是7+2，就是登上七大洲之后再徒步穿越南极北极的，目前在世界上我了解到还不超过十个。于是我即刻就把2加上去了，就是登上七大洲之后再穿越南极穿越北极。我是2005年完成的穿越南极北极，那么就是说，我是世界第九个达到了这样一个目标的人。

当然之后我还没满足，我知道世界上很难登的一共有14座8千米的山峰。在完成了7+2之后，我从2008年开始一年登一座8千米的山峰，2008年一座，2009年一座，到了2010年又连续登了3座8千米的山峰，珠峰也在这一年第二次登。2003年登完珠峰不是暂时性失明了吗？再一个雪盲下来，我总感到冥冥之中好像是到此为止了，就是说我审美也有疲劳，哪有上珠峰一次两次再三次的。利芬那时候说，你别让我们担惊受怕的，别登了，结束吧，我想是，告一段落吧。所以才想着说，是不是完成下一个目标。

对于年轻人来讲，你的好奇心和你的自我不满足能不能持续下去很重要，你什么时候发现自己没有好奇心了，你已经不叫不满足，而是不满了。或者已经是觉得人生没有什么意义、没有什么奋斗目标了，那你这个人生也就没有什么意义了。所以对我来讲，虽然不登山了，但我把进哈佛当成一个挑战。所以前两大法宝就是我刚才讲的，有好奇心的前提下，你有没有还觉得对自己不满足。

在这个当中我会又有一种幸福感，正是这种挑战，我每遇到一个坎，就有一种愉悦一种幸福感，感觉我还在往前走。所以我才说，我在哈佛获得第二次人生。大学毕业之后，在去深圳之前我当过兵、当过工人、做过政府公务人员。我做过很多事情，但却对自己做的事情都不满意。我完全不觉得自己的一生就是做这个，但是我无论做什么，都非常认真地去做，我默念我是在打基础我是在做社会积累，社会经验的积累。总有一天我会干出一番事业，但是干什么我并不清楚。

真正到深圳创业的时候，我也不清楚我后半辈子就扎在深圳了，我没有这样想。因为那时候已经开始有出国热，我当时就想，我很想在深圳做一个跳板，两年攒点钱，然后出国。就是做留学梦，这个留学梦一直做到50岁才放弃，就觉得我这一辈子显然和留学是没有关系了，所以看到利芬他们出国留学我是很羡慕的，但我觉得这和我没有关系了。没想到，我已经放弃了，因为我的事业还得做，我的登山爱好还得做，无非我在选择什么。

按照我原来的计划，这时候是准备航海的，就是登山告一段落准备环球航海。现在只能把环球航海放到5年之后的65岁，可能65岁到70岁的时候再环球航海去。所以一定要有一种不满足，一定要知道自己的目标是一个什么目标。所以我说你才大学毕业刚工作，很可能现在你不大如意，但你先把这件不大如意的事情做好，再换一个事再认真做好。只要你认真努力，有一颗不满足于现状的、往前走的心，你一定会有一片天地。因为我觉得我们是比较有运气，中国遇上了千载难逢的一个经济发展大时代，而且这个序幕现在才刚刚拉开。所以这个希望就在年轻人身上，你要做什么，就看你的野心、你的好奇心、你的不满足，再一个要有一颗坚韧的心，因为社会要磨炼你。你问我要为成功作些什么样的准备，这些就是你需要准备的。

人生之后的规划

现在我的人生规划差不多做到了70岁，再后边就没有做，因为我不知道后面怎么样。实际上就是65岁之后怎么样，包括62岁到65岁之间，会发生什么情况，其中也都有一些是不确定的，我不知道的。就像关于死亡的问题，我比以前想得更多，当然我感到时间紧迫。

关于死亡，有相当一段时间我是感到很怕的，但是现在比较坦然。实际上我这十年的登山，其中有一个收获就是学会了面对死亡。因为进山你就必须面对，可能一个礼拜之后你出不来的。因为你也掩埋过自己的山友，你也曾经帮助寻找过山难中失踪的人，这样你都经历过，对死亡的看法自然就变了。

这个过程当中我必须去面对它，必须去考虑它。现在到了这个年纪，必须承认已经进入了老年人的状态，至少也是即将进入吧。按照世界卫生组织的标准，就是65岁进入老年，即使按照现在这个标准，那我也就差三年时间就进入老年了。

那我老年如何规划呢？第一是游学。按照现在的设想，我这一游学按现在计划要游学五年时间，在这个学习当中会有很多心得体会，会结交一些学术圈的朋友。如何在中美交流，或者在东西方交流当中，积极地扮演一个更主动更恰当的角色。

第二，如何在学校教学。我在香港科技大学教了一年书，现在又签了两年合同。原来讲课更多还是凭自己的自我感觉，凭自己在企业的这种经验积累，更多是这种范围。但现在通过在哈佛的学习，关于如何在学校教学，就想得更多一些了。在哈佛通过学习，也学到了哈佛在教学上的很多东西，因为每次听课都看老师在怎么讲课，不同的风格不同的讲法，显然对我如何去讲课、如何组织问题、如何来布置作业、如何在下边来评价是有很大帮助的。这方面我相信会有提高的。

第三，还有一个想法，就是如何环球航海。这也是我的一个不满足。现在涉及时间，只有在游学完成之后进行这个环球航海。要达到环球航海，必须要保持一个比较好的身体状态，保持很好的身体状态，还要考虑时间的安排，怎么去搞好锻炼。

现在是这样，这些个规划我大概要在70岁之前去做、去完成。当然，在这个过程中有很多不确定的东西，所以我更多考虑这种不确定，要根据变化再作调整。比如原来说是去哈佛一年，但去哈佛了之后，我发现一年不行，可能要待三年才行，我实际上在那儿还没一年，这个变化就已经很多了。所以这个规划，很多时候我觉得它是一个动态的状况。

至于70岁以后的规划，那就更难了。俗话说，人活七十古来稀。越往后这个不确定性就越大，这之后的事情，我是不大确定的。我觉得如果自己的好奇心，自己的不满足心已经到头了，已经不允许自己再不满足的时候，我不知道我会作一种什么选择。我认为人的寿命延长应该是有质量的延长，而不是无质量的，到最后，完全是被病痛所折磨着，但是生命还给自己延续着，我觉得这个意义不是很大的。这是我个人的一个价值观。

第二部分 进退万科

万科成为中国地产行业的标杆已经很多年，在各次调控中成为风向标也不是一次两次。在目前这个几乎可以称为史上最严厉的调控时间点，这位游学哈佛短暂归来的万科董事长、地产史上的传奇人物，对自己的企业，对这个行业又有什么看法？

第一桶金源于智慧积累，投机得不偿失

我的梦想，我在创业20年中的详细过程，在《道路与梦想》一书中写得比较详细。作为我来讲稍微特别一些，因为之前的经历对我下海时候作了一些准备。第一我大学时候学了英语、学了政治经济学，打了很好的基础。我信息比别人广，对市场经济理解比别人更敏捷一些。因为当时我到深圳创业，发现两个东西是最容易做的，一个是倒味精，再一个是倒折伞。

味精，日本来的味之素，你要有批文，倒出去几万块钱就到手了，当时大家都在倒批文。我的逻辑是政治经济学的原理、价格、价值，如果这个赚钱，很容易大家都来做，货多了，价格下降一直降到低于价值大家就不做了，慢慢再回复到它的价值。按照这样的逻辑，就是大家都做我做肯定赚不到钱。虽然我前面没做过生意。

做什么呢？偶然看到滠口路口有两个大金属罐，好奇这是干什么的，他们说饲料厂里装玉米的，玉米从哪儿来的？玉米从香港来的，我这个知识有，我说香港哪儿产玉米，香港玉米从哪儿来的？有从美国来

的有从泰国来的，更多是从大连天津来的。我心想我也可以订货，我觉得很滑稽，为什么大连的玉米到了香港再到深圳，不能直接到深圳吗？这是很简单的逻辑。到那儿得了解关键点在什么地方，货车是到深圳再到香港，换句话说到深圳比到香港更方便，我是容易要到车皮的，为什么不愿意给我？逻辑很简单，到深圳不算出口不算创汇，到香港是港币出口创汇。深圳可以用港币交换，我问他我也用外币给你结算，就等于你是出口创汇是一样的，他说那可以。我找饲料厂，我说为什么你在香港订货，不在深圳订货，最起码要倒两次，成本高价钱高，他说深圳拿不到货，我说我给你，他问我有吗。我说你给我开信用证，因为我是在省外贸待了三年，他开给我，我再背对背开给天津、大连外贸，我是没有钱，但由他的买家信用证过去，货到这儿来，这就是我的第一桶金，我第一桶金赚得很智慧。但是简单来讲这种智慧是有积累的，没积累是不能做的。

当然这个做下来之后犯了很多错误，这是1983年的事情。1984年成立万科之后就做摄像设备，那个赚钱就做的投机了，我们进摄像机加上关税成本是2500块钱，我们往外批发，批发是7000块钱，你算算我一台赚多少钱？正因为这么高的利润，整个珠三角全来进摄像机，结果摄像机大量积压带来一系列的问题。我当时就是投机高手，只是投机。后来你发现我做的投机买卖到市场正常的时候是不会做了，因为我做300%的利润、400%的利润，利润只有5%我怎么做，我根本不会做，怎么办？生意就赔了。万科多元化做了很多业务，我曾经做一个万科从1984年到1992年整个财务上过滤，我做贸易，我赚了多少钱我赔了多少钱，我非常惊讶地发现，我赚钱的用黑字表现，赔钱的用红字表现，黑红相加是赤字。

因为我赚钱是暴利市场，不是暴利市场的时候只有赔，因为我不会赚正常的钱，这让我得出结论：市场是公平的，我怎么在市场赚的暴利钱，市场会惩罚性地让我吐回去，从更长远来看是没有便宜可占的。所以我为什么说不做超发利润，一定踏踏实实做平均利润回报呢？不是说我有先知先觉，不是说我有道德制高点，而是我的教训告诉我，聪明人不是不犯错误，而是不要重复犯同样的错误，万科之所以走到今天，是我们不断修正自己的错误才撑过来的。

万科的故事才刚开始

伟大的公司不需要故事，万科是个接近伟大的公司，我也认为它不需要故事。但是在2008年的转折之后，我知道万科的故事才刚刚开始。

我是2004年登完了世界七大洲的高峰，那是登澳大利亚的最后一座山，叫科修斯科。下山之后飘着小雪花，天气很阴冷，那里有一个大横幅就是“祝王石先生成功完成七大洲最高峰的攀登”，我打开了庆祝的香槟，但是我记得很清楚，当时我若有所失，有一种失落感。原来七大洲是我的目标，我从2002年开始攀登七大洲最高峰，登完了突然发现失去目标了，就有种失落感。为了纪念这次登遍了七大洲，我出了本画册，拍照的摄影集。摄影集的名字叫《第八峰》，七大洲最高峰怎么会是第八峰呢？实际上第八峰是我心目中的最高峰，七大洲最高峰我已经攀上去了，但心目中的高峰要一辈子去攀登。

我现在是怎么重新定位我人生的一个高度？这里再讲两点。一个是2004年万科20周年，为了20周年我写了本书叫《道路与梦想》，2006年出版的。这本书里我有一段话，“我认为万科在未来的发展不会再有什么故事”。什么意思？你看摩托罗拉、可口可乐有故事吗？没故事。麦当劳有故事吗？没故事。就是说一个伟大的公司是不需要故事的，当然我不认为万科是个伟大的公司，但是已经接近伟大公司，所以接近伟大公司的公司是不需要故事的。

那这是2006年我写的书，两年之后2008年，我个人和万科经历了两个非常大的故事，一个是“捐款门”，再一个是“拐点论”，这两件事情几乎把我和万科给压垮。2008年我才知道万科不是没故事的，故事才开始。也就是说作为我认为的一个伟大公司，万科离得还远着呢。当然你就知道了，我们现在说中国出现两种状态，一个是浮躁，再一个是焦虑。显然浮躁最起码在我身上表现得是很明显，2006年我已经把万科确定为不需要故事的、接近伟大的公司，实际上不是。万科真正的故事2008年才开始，当然现在我们定位2008是万科稳定持续增长的元年，万科真正的发展才刚开始。

这是我给自己的定位，企业家还会继续做下去，但到底万科在社会上会是什么影响，做到什么程度？我们还有个十年计划，到2020年万科的一个态势才会显示出来，这个刚才我讲到的故事刚开始，还有很多工作要做。

成功来自坚持

走到今天我也不知道为什么是这样，答案并不是很清楚，我也不知道。因为我记得当时到深圳是想着能用两年时间作为跳板，出国留学去，尽管那个时候年龄比较大，30岁出头才想要出国留学去。但是一年一年过去也没能走。做房地产相当具有偶然性，实际上我做过很多生意，另外还有很多虽然我没做但很想去做，比如说金融、IT、计算机，但是种种原因无法做。金融是特许经营的，不是你想经营就能经营的。所以我选择做了非常多的生意，进出口、做手表、做服装、拍电影、拍电视，很多行业是我可以经营的，但最后之所以选择房地产，当时有两个考虑，第一个就是这个行业将来很有发展前途。

我们做房地产是从1988年开始的，但是选择把其他全放弃那是1993年。在1993年看到电视机的普及、电冰箱的普及，当然空调还没有普及。电视洗衣机的普及你会看到，原来那都是奢侈品，可以想到商品房也应该是这样。我觉得这个是非常有发展前景的，因为当时东南沿海的城市是商品房，其他的还是地方的分配房，但从家电的变化你可以预测到这个房地产一定很有发展前景，这使我选择了它。

第二个是它门槛很低，实际上有发展前途的岂止是房地产，其他东西、家电也很有前途，家电已经形成像海尔，计算机像联想，它们已经形成行业上这样一种门槛，行业规模的门槛。恰好房地产很有发展前途，门槛也很低，说句不好听的话，到现在房地产门槛也不高，所以这是很多人看不起房地产，也是房地产赚钱的主要原因。

我刚才说的话就表达了这一点，赚钱很容易，为什么要建立现代企业制度？后来看万科，我做企业有我的风格，当时追求企业怎么做大，什么可以参考的样都没有，但形成我的风格我就这样去做了。什么风格呢？我想第一个就是生命，实际上来讲就是要生存、爱、尊严。我觉得自己并不是为了生存到深圳来，也不是为了爱到这儿来。但是我觉得我缺乏尊重，在这儿生活得不到尊重，我的能力我的知识我的社会地位，在别人看都不错，外经委，全球交易会在20世纪80年代初的时候，那是令人很羡慕的职业。

但是我发现我的能力发挥不出来，能力不被尊重，我是这样到深圳来的。我不知道能不能做企业，也不知道能不能管理人，我都不是很清楚。因为我在广州更多的是一个被管理者，到深圳当然有一个愿望，如果我能做一个企业，我一定不会让我的部下重走我之前的路，委曲求全十年媳妇熬成婆这样的生存规则我一定不让他们做，我一定要创造一个理想的、机会均等的、自由的企业，这是我的理想。

制度为王

之前谈的莎士比亚也好，普希金、托尔斯泰、巴尔扎克也好，很多这样一些著作，实际上都能看到这些东西对我经营企业的影响。人文色彩和人文关怀很重要，但是把一个企业做成制度性的结构，像西方那些文明像西方企业一样，能够让它有生命力还得靠制度。

这个对于万科今天的形成，是有非常重大的意义的。如果万科仅仅是一个赚了一堆钱的房地产公司，它不值得我们今天来溯源，更重要的是用现代企业制度，去把它变成了一个有持续发展的生命力的东西。

在20世纪80年代的时候，实际上各种模式都探索过都探讨过。总的来讲对中国传统文化我是有些逆反的，比如说像现在的国学的复兴，这种势头我是相当保留的。我的逻辑是什么呢？现在企业的制度是从西方基督教文明演化而来的，它是强调这种制度化、透明。

比如说基督教，就是我们在上帝面前都是罪人。所以它是主张人之初性本恶的，亚当、夏娃吃了苹果，有了智慧也有了邪恶。这是它的伦理逻辑，那根据逻辑推，推到现在的企业，当然宗教也在改革，也有的说有善的一面，也有天使的一面。如何抑制它魔鬼的一面，如何抑制它罪恶的一面，要靠制度来约束，因为对人是不相信的，它不是对某一个人不相信，而是对制度的信任。而东方就完全是另外一种圣人管理，首先圣人管理是完美无缺的，是不可能有魔鬼的东西的。

这个世界上是没有圣人的，当然没有，一定没有。首先我就有很多罪恶的东西，所以现在企业制度就是关于如何来用制度性约束，西方基督教这样的一个文明企业制度，我要制度性的约束，制度性抑制你自由的东西。而东方是完全另外的东西，好人和坏人，用人就用好人。基督教现在不是这样的，它一定是制度性怀疑，发现问题再调整，我们这里是一旦发生问题就是颠覆性的，掩盖着没问题，一旦出现问题就掩盖不住，这个问题非常大。

就企业来讲，首先我们的制度是要约束自己，就是这样比较的逻辑。我可以这样说，实际上，在中国的企业当中，不要说中国企业，就是和一些跨国企业比，万科在中国的企业也更西方化。因为西方企业在中国力图是东方本土化，而恰恰我们做的是本土企业，最起码我就敢说我不行贿，不是我不行贿，是万科不行贿，而且我们也走到现在了。

现在我马上要向另外一个宣战——禁止酗酒。这就是现在中国的文化，烟文化、酒文化。除了现在说腐败风气之外，两千块钱一条的烟，我觉得这个是莫名其妙。烟怎么能抽成两千块钱一条的？就比如说，喝普洱茶，我是喜欢喝普洱茶。喝普洱茶就问你喝贵的还是喝比较便宜的。我说当然比较便宜的，无论是请客还是在谁的面前我都会这样说，问题很简单，喝可乐是喝比较贵的可乐还是便宜的可乐。可乐有什么贵和便宜，它就是饮料，可乐是很好，但如果你把可乐做到两百块钱一听绝对是有问题、有毛病的。中国现在就是有毛病，把一条烟做到两三千块钱，一包烟两三百块钱，这是很莫名其妙的事情。

刚才为什么说禁止酗酒，我自己是酒鬼是另外一回事，那是我有病。现在我们这种应酬，尤其和政府环境的应酬，一定要把你喝醉，一定要把你喝到钻到桌子底下。万科做的是非常优秀的产品，我不愿意看到万科起来了，但我的中层干部我的一线老总，在应酬当中到我这个年龄肝硬化肝囊肿，如果是这样的话，那我不允许他们喝酒。如果就因为这个和当地关系、和客户伙伴没有处理好关系，那我宁可做不成这生意。这是最基本的对生命的尊重，对生命尊重就是对你自己的尊重，是对每一个人的尊重。因为这样不酗酒，不但保护了万科的员工，而且万科也有影响力了。我也力图在社会上提倡一种新的风气，酗酒除了对GDP有点儿好处对税收有点儿好处之外，对民族没有好处。当然你要有底气，你要把产品做得还行，万科可以。

宁可出国做二等公民也不行贿

我1983年为什么要到深圳去？到深圳去当然是不满足于现状，因为当时我的现状是不错的，在广东省外经委联络处，每年参加春秋交易会和外商打交道，我是属于搞商业情报收集的。联络处，在别人看来是很令人羡慕的，那我为什么到深圳？我不满足于这么早就可以看到自己人生的结果，退休的时候可能熬到局长没问题。但即使有机会当局长，也不是你自己说了算的，熬就熬到副局长，这个结果你甘心吗？我不甘心，想有一番作为，看到深圳有机会就只身到了深圳。

到了深圳，我觉得这个把握得非常清楚，到深圳首先是为了改善自己的物质生活这个追求去的。但仅仅改善自己物质生活这个是不够的，自己要有一番作为，还是要有“以天下为己任，大丈夫志在四方”这种情绪的。显然为了我大丈夫志在四方以天下为己任，为了我做生意生存的问题，要赚了点儿钱我就行贿，这个我是不会做，我觉得这个是不值得。对我人生目标这样做，上升到尊严，和我要有尊严的生活的人生格言不相符。

当然这个当中我自己要求是一回事，我要求创立公司是另外一回事。压力还是非常大的，在创业初期的时候，免不了有些员工要送红包送礼的，于是我非常明确地告诉他们，如果必须送礼必须行贿这事才能办成，我宁可办不成。当然我没有想到会做到今天这样。

我宁肯办不成，宁肯公司经营不下去，宁肯出国去当二等公民。因为我出国养家糊口的能力是有的，但不可能进入外国的主流社会，只能是二等公民。所以我说我宁肯当二等公民，当物质和尊严发生冲突的时候，肯定是尊严第一。我不会丧失我的尊严。你想，你去行贿还有尊严吗？首先对方你是知道的，他本身受贿没有尊严可言，你行贿你有尊严吗？我是按照我的标准做的，我觉得这是我最起码的底线。

很长时间以来，我以为大家都是像我这样认识的，后来发现不是，好像不是我成了特例，甚至我做的事情别人都不相信。当时能不能做下去不清楚。因为我记得文化改造的时候，我们参照香港的上市公司，做的招股通函、公司章程，钱也筹到了，公司改造已经完成了，当时管理层内部有个讨论，因为当时国内还没有什么上市公司法，公司法也没有。我们就是从香港照搬来，然后就按这样做，把手脚都捆死了。当时有很大的忧虑，害怕这样做会被淘汰掉，于是当时我就用这个观点来说服我这个团队，我说我们按照正规的来做，现在还没有正规，灰色摸索当中，我们就按照正规来做，可能会被淘汰，但是我们要为未来做一个假定，未来中国是规范还是不规范，如果未来不规范，就像东南亚一些地方，贪污这种比较盛行的国家就是这样。你不玩那一套根本存活不下去，这是一种假定。再一种假定是日本、欧美，我的假定是中国将来一定要走欧美日本的制度化东西，如果走那一步了，现在不规范，我们将来会被淘汰掉。

如果我们现在坚持下去，可能会很难，但是我们不会被淘汰下去，将来我们不但能存活下去，而且还能成为榜样。这就是1988年文化改造时我说的话。从1983年到现在已经27年，很快30年了，最起码到现在没有一个反证，来证明我王石行过贿。当然说你王石现在不用行贿，但是我的部下行贿，算不算我王石行贿呢？我的观念很简单，万科的历史上，只要证明出有一单行贿，不管是王石亲自行贿还是王石的部下行贿，都算我王石行贿。至少27年还没有证人，我要是表演的话还是蛮成功的，27年了，还要继续表演下去。

不行贿很难，我也有过斗争

我想说的是什么呢？第一，你真的不去行贿了，难不难？当然难，但是不是像你想象得那么难，这是我想说的第一。第二，人都有两面性，我也有两面，你就说我很崇高，其实我不崇高，我也很想通过行贿来赢得资源，我失去尊严就是一个特例，但是我不知道我失去第一次会不会有第二次、第三次，我对自己不确定，我有没有过斗争？当然有过斗争。还有我们再看看，你行贿的对象是不是很坏？是不是你不给他行贿他就不给你办事？这就是赤裸裸的权钱交易。根据我个人、根据万科的经历不是这样，经过这么多年有很多人帮万科，当然是正常的，我的理解是正常办手续中他没给你设障碍，这样我觉得就是一种帮助。

追溯到加入WTO的时候大家都很紧张说狼真的来了，加入WTO之后企业还有没有竞争力？周其仁对万科作了个评价，说加入WTO万科是没有问题的，因为万科已经作好了加入WTO的准备，什么准备？就是公平竞争。你真要高价竞标，拿那种不好的、价格很高的土地，就只有从市场上找回利润，只有想办法研究客户怎么把它卖出去，研究更好的物业服务。万科就是这么过来的。万科过去不会这样做，现在不会这样做，将来也不会这样做。我对年轻人想说的是，现在社会风气很不好，但你要有自己的选择，不是说我这样选择成功了，可能有一定的偶然性。万科走到现在是必然还是偶然的？我觉得还是偶然的可能性大一点儿。这样一家是偶然，有第二家、第三家、第四家、第五家，多了它可能就是个必然。

年轻人创业选择是自己的路径选择，但是选择到最后你是身不由己的，你选择了不走这条路那就不走这条路，你选择了到时候你再说，成了之后再怎么样那是由不得你的。

如果往外送，我不送我做不成，别人要给我钱想不接受，还是刚才我的原则，我接受一次就被对方抓住把柄了。我讲万科的例子，万科做到不行贿是比较容易的，因为万科会计至少没有这个支出的权力。但是我没法保证我的部下不受贿。万科难免会发生一些，而且发生都不是一个人，一发生一串，但是我们万科的态度是一旦发生一定送到检察院，可能是非常可惜的、非常能干的人，这个不要有侥幸心理。比如他行贿一定有一本账，他在你公司行贿在其他公司也一定行贿，事发他都会交代。不是禁住禁不住的事，一旦受贿你一辈子背上债务，一说严打你立刻紧张，因为你不知道你的事会不会被发现。

但行贿和受贿应该分开的，不行贿公司制度把握很容易，不受贿是没法把握、禁住诱惑的。过去我把它当做一个底线，现在我知道了，把它当个底线反而把它看低了，它不是底线是天线，天线很难达到一直坚守一直坚持。比如基督教的十诫那也是底线，不杀生、不盗窃、不奸淫……现在都在发生。你看到很简单的事情要做到是不容易的，不行贿不受贿要做到是相当不容易的，要坚守。

政策对企业的影响

很多年前参加一些企业论坛我还是比较积极的，记得当时我有一个观点，因为那时候大家一谈就谈政策，政策会怎么样对我们影响，这样的政策是加息还是减息，是准备金增加还是减少，那我们怎么做？我的观点很清晰，我说我们少谈点儿政策多谈点儿技术，多谈点儿技术层面的东西，如何来做自己的产品，产品如何更适合消费者，产品如何更适合未来，这是我的观点。

那我就用这个观点来谈谈对未来的预测，过去我一直担心房地产价格这样上涨会引起一种整个的经济体的泡沫经济，所以现在我不用担心了，让我来判断很简单，我说现在就是这样的一个价格。原来只是说是个别大城市，现在看来马上就形成全国之势，这个是没有什么悬念的，到任何时候都是不可逆转的，泡沫一定会破，五年破十年破谁也不知道，我也不知道。

第一个对未来预计，还有相当的不确定性。根据东南亚经济危机，根据日本沉默的20年，就是泡沫之后、破灭之后。中国现在已经像步日本后尘的征兆，就有点儿像20世纪80年代的日本，全国整个是一个经济腾飞。当然这是前提了，没有这个哪来的泡沫？但多长时间？十年或者再长一点儿。

我要考虑的问题是什么呢？破的时候是谁垮掉。比如在日本我考察的最典型的一个企业叫三泽，三泽不动产。三泽是做合成木结构住房的，是日本三大住宅公司之一，它的专利和各方面的奖项，在日本是获得最多的，就是技术上也是顶呱呱的。但是经济泡沫破裂之后破产了，为什么呢？就是因为它过多地买了一些地，过多地买了高价的地，当时泡沫一下来，地价一下来，它就破产了。

所以说真正的破产不是因为你技术不行，你一定不能更多地储备高价地。因此对万科来讲，2007年年底我说万科不拿地，不拿地什么意思？就是为那一天作准备的，但它什么时候来我不知道，我不能说它来的时候我能预测。但现在就有这个问题，我不拿地王，因为泡沫的时候土地就是一直往上上，我认为这个层面是地王的时候，过两个月是这里，明年说不定就是别处了。有人说这个时候不拿错过机会，我说宁可错过机会，因为我知道我在这时候博弈，等于在挖掘自己的坟墓。这不是一个预测的问题，是我的经营理念。

那好，这个我把握住了，下边相对来讲比较简单。因为我知道那个只要是到最后，谁地王拿的越多，最后无论你产品怎么优秀你都站不住脚，你支撑面都支撑不住了。如果这个把握住了，不拿地王后面还有两句话，不囤地不捂盘。

很早大家没介入我介入了，万科是20多年搞房地产的公司，我们已经有很多土地储备。为什么不囤地呢？很多香港的家族公司到大陆买土地，十年不开发。十年土地价格上去了，也就是说土地增值的部分比你当时盖房赚的钱多得多。我的观点却非常不同——不囤地，因为我的利润不是建立在土地增值的基础上，我一直在开发。你最后赚了很多钱，却没什么产品，你成了很大的土地公司，市场消费者却把你忘掉的一干二净。其实即使你开发出来也会赚些钱的。所以我不囤地。

第三个我不捂盘。什么叫捂盘呢？因为土地价格上涨，房子修好了也不卖，晚卖两个月我多赚20%，赚什么比这个快？我不捂盘。为什么呢？第一我把这个好处给消费者，市场不好的时候我风险小一点儿，因为你捂盘，最高价卖不出去，可能那是一个转折点，转折点下来消费者买了就赔，赔了找你麻烦，他不是找政府而是找房产商。我把风险降到最低，不但不拿地王，而且我绝对不捂盘，开发出来就卖，快开发快卖，而且很根本的一个东西是，从技术性层面来讲，我一直在盖一直在卖。这样一来，我就掌握了盖房最新的具象艺术和最新的技术，以及最新采暖的运用，我一直走在前面，又没有资金链上的这样一个潜在的风险，市场变化的时候，市场越不好我越好卖，这是我把握的，不是预测。

对，用不变的方式应万变。我的技术一直在提高，我的产品一直在更新。你拿了块地不开发，你以什么进步？你盖了房子不卖，你卖得比我慢，所以你产品更新比我慢。说对了，技术层面就这一条，无论人家怎么变化，除非取消商品房，回到福利房和分配房时代，那我要失业了，哈哈。

万科的转折点

2008年是个转折点，因为我们预计未来中国的社会应该是很规范的，是很健康的，所以我们假定这样做，后来发现这个社会风气越来越不好。我们把握的就是洁身自好，我的小天地我就这样做，那我只有靠我的产品，而且我影响力做出来了，人家也知道，别打王石的主意，也别打万科的主意，人家就没这一套。他们也就明白也能洁身自好。我不要求别人也是这样做。但2008年发现不行，没法洁身自好。我王石一个观点论就对市场影响那么大，本来我没有力图要影响这个市场，可就是一句话，之后造成整个非常大的冲击。第二牵扯到伦理道德的一个捐款门帖子，我不认为我的帖子写错什么。帖子也不长，中国是灾难频发的，慈善应该是个常态，不能说灾难来了就马上捐，捐款应该是平时就在做的。我认为两百万元是个不小的数字，不要说两百万元，20万元我都觉得是不小的数字，对于一个普通的员工来说我觉得不要超过十万元，这个观点我并没改变。我也不是说我当时后悔了，我当时错了，没有。

更多捐款不能比多少，比捐不对逼捐更不对。我自己捐款是我自己的选择，无所谓对错的问题，但我知道那是比较低级的。因为我来做慈善做公益，我用慈善公益来宣传自己的道德伟大，本身道德层面就不太高。这是另外一个话题了，就那个帖子本身我不认为我说错了什么，我认为有什么我说什么，显然时机不大对。当时万科捐两百万元是不是太少了，实际上我当时就是回了那个帖子。

想说什么呢？无论拐点门、捐款门，就是我王石对万科的影响力，已经超出我王石个人的影响力，就是想洁身自好也没门儿。要不就承担这个责任，并不是要你没有价值观，要你的价值观一定要改，不然就会处于非常危险的境地。我想就因为我的一个帖子，整个网民就可能把我淹了，可能一个拐点论就会形成整个一个利益集团来和万科作对。

捐款门我是无条件道歉，但是我没有认错。我无条件道歉的理由是什么？就是那个时机不大对，当时我是这样来说的，说因为我这个帖子引起了网民这样的注意力，从抗震救灾转移到万科和我身上，因为这一点影响了抗震救灾，我无条件道歉。因为我的这个帖子，弄得连投资者都困惑，为什么投资者困惑？因为那时都号召不买万科的房子，抛万科的股票，引起了投资者的困惑，我无条件道歉。因为我的帖子给管理者造成很大的压力，影响他们的正常工作，我无条件道歉。我的三个无条件道歉到现在也没变，真的没变。我不是现在说那时我是迫于压力的，因为我讲的就是这样，但是我说的内容我不认为错，也不认为我错了。当然我可以说只是当时观点角度的不同，我认为没有错。我不光是这样说的，我是准备如果万科的股票因为我这句话低于大市下跌，如果因为我这个帖子万科的房子不好卖了，如果因为我这个帖子万科的80后想不通，集体怠工集体辞职。任何其中一个原因我都会辞职，但我的错不在帖子内容本身，而是因为那个帖子引起社会对万科负面的看法、对我本人的冲击，可能对上市公司带来影响，作为职业经理人这不是错对的问题，股票就是赚钱也是风险，形成风险了就应该承担责任，承担责任就是辞职，这是我当时想的。

但反过来很快看到了，第一万科的股票没有因此一举下跌，万科的房子也没有因此不好卖，万科的80后尽管他们很委屈很困惑怎么董事长说这样的话，但他们没有集体怠工没有集体辞职。这些情况都没有的话，再闹情绪说我不想干了，那就是我的问题了，之后觉得这个事就过去了。这个时候万科怎么做呢？一方面我们要很慎重，因为我的影响超出自己原来的想象力，那就什么时候该说什么话，什么时候不该说，这个我没有什么委屈，影响力在那里，万科的影响力在这里我就要谨慎。要面对这一切。

第二个从另外一方面想，既然我们有这样的影响力，那我们不仅要洁身自好，还应该把我们的观念说出去。把我们的观念说出去当然这里有一个策略问题，比如说去年我们推广的垃圾分类。我现在很开心，这远远超过一个发展商做的，远远超过一个行业上的努力。因为整个全球城市化的垃圾问题，已经是一个公害，一个非常大的难题，尤其在中国内地这些城市，现在600个城市以每年10%的速度递增，垃圾以17%的速度递增，垃圾的增长远远超过城市化的速度，垃圾怎么办？过去是埋，现在没地方埋了，想想埋是不行了，没地方埋一定要垃圾分类。更多的就是减少垃圾的总量，而且让它变废为宝。

第三不能处理的部分还得烧，当然烧的技术，还可以发电还可以产生余热。万科2011年就开始介入建垃圾焚烧厂，垃圾分类到发展焚烧这和一家房地产有什么关系？应该是政府做的，或者专门搞垃圾分类、垃圾回收、物品回收的公司来做的，我们承担这个责任，现在看效果还不错。

万科是一家解决社会难题的公司

我们在城市搞项目，我的手下有时候做事也感到很为难，说这个事太难做了，我就告诉他们，很简单，如果不难轮不上万科，别人早拿去了，就是当地非常有活动能力的，只要是有点儿便宜马上就能占的，哪轮到万科？恰好有一点儿难题万科来做，因为万科做了20多年房地产，我们在上面积累了人才，积累了经验教训，我们可以用我们的智慧。再一个很重要的是规模，有规模和没规模是不一样的。因为没规模的话，很多事情是不能做、做不了的，但是你有规模了，就没有不能做的了，现在看到的万科规模才刚刚开始。

2004年万科20周年，2005年我们做了一个未来十年到2014年的规划，2014年正好30周年。就第三个十年做规划的时候，2004年营业收入是93亿元，我们那时预计十年之后是1000亿元。当时包括我在内都觉得怎么可能？做了20年才93亿元，怎么再十年就1000亿元呢，这不是天方夜谭吗？当时他们说我批评他们，我说你们搞浮夸，他们说不是。因为他们计算这个就是一个很简单的数学公式，我说你数学公式怎么来的？

给我演算，演算的结果实际就是说过去的十年是35%递增。那我说基数大了不可能一直35%，他们说我们还得预计未来，不是按照35%，我说30%也很大，他说也不是按照30%、25%。从1995年开始25%递增符合增长率，十年之后就是1000亿元。

哎呀！当时就给我印象很深刻，我说持续太可怕了，只要持续增长你不一定是大跨度地往前持续，实际上中国改革开放30多年不就是11%、12%，现在成为世界第二大经济体了吗？你再持续30年超过美国了。咱们再看看十年就要到了，持续的速度比你想象得还快，中间还遇到2007年宏观调控，2009年又宏观调控，就这也超过千亿元了。按现在预计来讲，我们预计到2015年就是3000亿元。

还有三年时间3000亿元，实际上很简单。2010我下死命令不准超过1400亿元，今年不超过1400亿元，明年得2000亿元了吧对不对？

这3000亿元指的是销售收入，这是一个不可想象的数字。但是由于中国的市场处在城市化过程当中，只要不犯错，到2020年的时候还得翻一番，就是6000亿元。我们知道民营企业到1000亿元基本就是玻璃天花板，各种因素上不去。

这个时候就是制度起作用的时候，越大的时候制度越发挥作用。这个制度如果没有现代企业制度建立起来，1000亿元基本上是个玻璃天花板，但如果你制度建立起来，我把2010年定位为万科持续发展的元年就是这个意思，恰恰它才舒展开。

万科是拥护调控的

我想先表明几个态度，一个是中国房地产调控到今天，从万科当然也包括我本人的态度，我们衷心地拥护中央的房地产调控政策。这中间逻辑非常简单，就是房地产再这样下去，会让地方更加依靠土地财政，无限制的让土地价格上去，房地产价格再上涨，再加上本身通货膨胀这样的货币发行情况，如果再涨下去国家经济会非常糟糕的。那样的话，日本当年的经济泡沫破裂的情况中国很可能也不能避免。

所以这样一个假定前提下，想问题不要从自己本位主义、本身的利益集团角度出发，所以万科是非常衷心拥护房地产调控的，而且从某种角度来讲，这次调控实际上是2007年的一个延续。为什么说是2007年的一个延续？我们知道，从2004年之后一直在调控，调一次价格上一次，调一次价格上一次。在2007年万科感觉到这次调控中央是找到了方法，这个方法就是货币政策，金融杠杆。

现在虽然有很多的政策，但实际上主要的还是货币政策，按揭我不给你按揭，房地产商我不给你贷款，这是最主要的，其他的都是辅助。

但很可惜发生了2008年金融危机，在西方金融危机中，中央政府采取了激烈的四万亿这样的一个货币政策，即刻把严控变成放松，所以房地产的调控也就功亏一篑，导致2009年整个全面报复性的反弹。到2010年再开始压，压不下来，到了2011年感觉到这个政策已经开始一定要把它压下去了，因为我们看到面对西方这样的金融危机的冲击，基本上我们过关了，又开始压。

我们知道万科在2008年是非常难过的，也只有我们最先响应中央的宏观调控政策降价，所以同行、地方政府和部分的消费者，对万科的降价是非常反感的、是抵抗的。但是到了2011年万科还是作好了准备继续往下调，即使这样，在去年万科也遇到了这些问题，市场萎缩、价格下调。

按照原来的计划，我们去年经营规模是1650亿元。我一听就着急了，我就跟郁亮说了，我给你们一个上限，最多不能超过1400亿元。我倒也不是担心国家宏观调控，主要是担心万科的增长太快。2010年刚过了1000亿元，2011年就1650亿元，就是在1000亿元的基础上再增长65%，这意味着什么？这个就是一个质量和速度的关系，很有意思。

结果到了第四季度，万科在调整之后说，哎，估计今年万科是1400亿元，董事长怎么说得这么准。但实际上我们销售的结果是1200亿元，两百亿元就是降价。也就是说加上那个降价，如果不降价正好是1400亿元。

我只想说我们来把握这个节奏，这样基本上冲击是相对影响最小的。当然不仅仅是这个规模的问题，还有产品种类的问题。像一些主要做高端产品的地产公司，它们的产品品质也是相当讲究的，但它们受冲击就比较大。很重要一个原因就是它是做高端产品的，这次宏观调控对高端产品的影响最大。万科主要是做主流产品，所以相对来讲受影响比较小一些。

政策已经开始微调

显然从2012年这个宏观调控政策效果来看中央现在是满意的，第一次中央认为的宏观调控政策达到目标了，这么多年来讲是很难得的。如果中央认为还不满意还没达到效果，不知道再出什么招，这个就比较可怕了。现在看起来非常明确了，整个来讲，现在这样的通货膨胀压力下，能调到这样的情况，尽管里头有一些政策可能还要微调，但是我觉得基本上中央认为是稳住了。

虽然稳住了，但另一方面带来了一个新的问题，就是地方政府依赖土地财政的情况并没有改变。因为调控调政策了，房价似乎是控制住了，但同时土地也不好卖了，土地价格也上不去了，地方财政因为依赖土地，压力就非常大。所以第二个问题出来了，中央现在也很着急，地方财政问题很大。

这就要求在总的宏观调控不放松的情况下做些局部微调。从2011年12月份开始，尽管外边看政策非常明确，说是整个的调控政策不会放松，但实际上2011年底已经开始微调。比如刚才说到的货币政策的问题，就是按揭的放贷已经放松了。比如对万科来讲，不是说卖不卖出去的问题，是卖出去了按揭下不来。基本从2011年12月份开始，这个按揭开始放松。

但是今年开始，从行政的死命令开始，我就是来限定价格。因为限制价格并不是来限制正常的购买，举个非常简单的例子，第一次购买的，像我们统计的前14个主要城市的房地产基本价格已经下调了15%～20%。但是中国东西南北有很大差别，在东部的主要城市当中，14个城市是价格下调的，有下调20%多的。

但第一次购买的人群，实际没有享受到价格下调的好处，就是因为按揭的利率上升。就是说，价格下调的那个好处，完全是让金融方面给你额外的融资成本抵消了。这个情况，因为中央现在各个部委也是非常清楚的，所以类似像这样的政策会微调，估计今年的形势就是这么个状况，预计下半年会更好一些，这是对房地产的一个基本判断。

所以很多人一见面就问我，包括在哈佛，也有很多中国的访问学者，一问就是，哎，现在该不该买房子了？都问这个问题。我怎么回避，没法回避，我说你要想买就买。当然其中有一个意思，就是说再指望大幅下跌这种可能性是比较小的，你要想买就买，是没问题的。

万科要不要做老大

万科要不要搞大？要搞多大？它是这样，搞大是一定要搞大的，因为不搞大没有影响力。但是什么叫大？所谓的大你一定在行业上前三名或者前五名，这是一个。尤其当你是在第一名的时候，你会情不自禁要保持这样一个位置。第五应该搞大，搞大是没有错的，但是你到前三、前五的时候，你还要保持老大的位置，有的时候就很容易本末倒置。

比如说，显然第二名一定要追你，这个一般都理解，我在第二我也要追老大，第三要追老二，追完了要接着追老大。前三、前五一定都要瞄准老大的位置，所以会出现这样一个问题：在老二、老三速度很快的时候，你是不是也保持这个速度？你不保持这个速度你会被超过。那么你保持这个速度，你知道在这个规模很大的情况下再来速度很快的话，质量一定会受影响。但这时候你为了保持老大的位置，你是不是还要牺牲质量来维持这个老大？即使你维持住了，这也会带来第二个问题，这个老大你能继续维持住吗？就是你以牺牲质量为前提的老大你能维持住吗？显然结论我想大家理性思考一下，非常简单，维持不住。

既然维持不住，如果已经有这个规模了，即使被超过去，你就是老二的位置、老三的位置有什么不好呢？因为首先我的质量很好，有什么不好呢？几年前我和郁亮对话，说我们已经被后来者活蹦乱跳地赶着架着往前赶了。我就说了，我们一定要解决什么，那就是质量问题。如果我们质量为前提，被老二超过去，被老三超过去，开董事会时我去坐前面，开股东大会我去坐前面来解释为什么。不是他们做不到老大，是我强逼着他们不让他们做老大，我说这个检讨我去做。实际意思还是要摆清一个，就是你最终的目标是什么，你的目标就是维持第一这个位置还是别的什么。第一固然很好，但第一是个结果，你不能把结果当成目标。

所以有的时候我觉得企业到一定程度，就把结果和目标弄反了。就等于说刚开始没钱我要赚钱，赚钱赚多了最后成了把赚钱当成一个目标了，我觉得是很可悲的事情。你赚了钱干吗，赚得更多是为了做你想做的事情，而不是像很多人说我不是不想像你去哈佛留学，但企业离不开我。为什么离不开他呢？因为他要赚更多的钱，以赚钱为目的，赚钱最后被钱所主宰。

说这个最后它的逻辑是一样的。我最起码是想通了，就是排在第二也没什么不好。再就是我还有这个体系，还有个信心，万科已经很大了，难道要超过万科，万科犯的错误你能不犯吗？潜台词有句什么话呢？它要超过万科，它可能就是它的转折。反过来讲，不能为了超万科，自己走上反面去，对不对？要为了超万科不顾质量的发展速度，为了不让它超，也不顾质量的发展速度。这样不好，弄不好会倒霉的。

你想想，因为万科已经讲了第一大是很重要的，想要超过它你要付出代价。不能它付出代价你也付出代价，就是这样一个逻辑，就是你已经很大，它要超过你就让它去超，没有关系。

我想再更长远来看，实际上就是中国的发展太快。发展得太快，这种太快给了我这样一个发展规模，在发展规模当中，我们有其他什么选择呢？我们作了不那么随意性的选择，我只选择某一个行业。这样相对来讲在某个行业占一定的优势，但只是个数量的优势，只是一个主流产品的优势。质量上如果有优势也是不明显的。

也就是说万科的目标是什么呢？我们的目标是在七年左右，长不过十年短不过五年，我们要达到日本建筑行业同行的平均水平，就是我们的质量标准。对外行解释，怎么来解释日本同行的水平呢？就是中国现在建筑职业上的水平是厘米计，就是误差是以厘米计。日本的建筑行业同行这个水平是毫米计，很简单，一个厘米计一个毫米计，就是这个差距。

现在我们要争取去做像日本这个建筑体系，万科要在2014年完成。这个建筑体系再往前推进要达到这样，这个就是一个质量底线的东西。你达到了之后不仅在中国有竞争力，在国际上你也有竞争力。这样回归到最后，就是一种生存方式，你是靠大还是靠质量。

中国城市化进程当中，城市化红利最多吃20年。这个增长速度在放缓，现在基本还是每年1%的机械人口，从农村进入城市，城市化过程当中，这个空间还能吃20年。如果你还是靠这个量下去，那你到最后转也转不过来。所以现在万科在进行这样的一个转型，万科现在处在一个努力在量和质上转型当中的过程。

哈佛董事长

我是万科的董事会主席，一般董事会主席当然是董事会召集人，是会议的主持人。作为董事会主席，首先我对公司情况要了解，第二董事会也需要我主持。我在哈佛期间，这方面我确实感谢有互联网，因此董事会基本上都是通过视频会议解决的。

开会我那儿都是晚上时间，那边差不多是晚上9点钟，这边是早上9点钟，时差正好12个小时。但只有一个是不能视频的，就是股东大会，股东大会一定要飞回来参加的。董事会就用视频的方法，当然视频的方法不能面对面，我觉得面对面还是非常重要的，如果能面对面是最好。现在因为我和董事会成员，基本和他们关系都比较熟了，所以采用视频会议的方法，效果也还不错，但这也是个损失。我始终认为互联网的这种视频就是天涯若比邻，但是它的作用有限，它无法取代面对面。面对面会议我觉得非常必要，但是这也没有办法。

实际上就董事长这个职位来讲，更多是一个公司的领袖，不同的董事长有不同的风格。当然你董事长也可以把CEO弄成是形同虚设，董事长完全把CEO的事都做了，这是一种风格，也不能说他错。再有一种更多的是董事长把握企业的方向。

像我，解释我董事长的工作，我要把握三件事。

第一件事，这个事做不做这是我要决定的。比如说这个城市要不要进我要表态，要不要国际化我得表态。当然表态说这个城市我为什么要国际化，这个城市为什么要进。比如说像不拿地王，这是一个决策。不拿地王可能错失机会，但我宁可错失机会也不能拿地王，因为我更多担心地王拿多了之后，一旦市场出现问题的时候，这个问题就大了，这是一个战略决策的把握。这是董事长要做的第一件事。

第二件事，就是谁去做。第一个事就是战略把握，第二个事就是用人，谁去做。很多时候你会发现很多人自己做得非常优秀，但是往往用人就用错，或者自己什么都做，做得非常辛苦，事情也做得非常好。简单来讲就是用人有问题，为什么这么辛苦呢？像我很轻松，比较善于用人。或者也可以讲是比较好运气，但我基本是知人善用。

第三件事，我觉得非常重要，就是承担责任，什么叫承担责任呢？出事就做自我批评，不要批评别人，不要讲怎么搞的，辜负我的希望，我这么信任你你怎么做这个事。本来下边就很自责了，犯了不该犯的错误，他已经忐忑不安了，你再来骂他，他一定会变心。

反过来讲，他觉得他要承担的责任你替他承担了，下次他再犯的就不是这个错误了。我觉得第三件事非常清楚，就是一旦出事，不能说这不对，你们怎么发生这样的事呢，我怎么到哈佛半年你们就办成这样，好像和自己没关系。这个事是我决策的，这个是我让你去做的。

董事长要走得开

董事长怎么做是个风格问题。实际上我刚才讲，把自己的能力想得小一点儿，把别人的能力想得大一些就很好，放权非常重要。不是不负责任，放权和不负责任是两回事，因为你还要放权，放还要放得合适。

再一个实际上很多人怎么说呢？是一个心态的问题。就是那种心态，我想很多老总要有一个心态，就是想想自己是怎么过来的，犯过错误没有？为什么不允许部下犯错误？这个想通了事就很简单了。你是犯错误过来的，为什么不让他们犯错误？你也要允许他们犯错误。当然大错犯了那就是很致命的问题了。

讲讲不当CEO的时候，我心态的变化。辞去总经理职务的时候我做了个辞职讲演，说我对万科带来什么，我说我带来这几件事：第一，我选择了行业，因为万科多元化做了很多东西，最后决定做房地产；第二，我建立了一个制度，当然现代企业制度也不是自己发明创造，是从西方学过来的；第三，培养了团队；第四，树立这个品牌，我很坦然交代。

辞去CEO回去当天睡觉也很好，没有任何别的打扰，一切如常。但是那两天上班我还是董事长，办公室也没换，照样去上班，一上班坐着觉得怎么没人找我呢？冷冷清清的，我就很本能地问了一句人呢。

我说人呢怎么没人找我，坐半个小时坐一个小时，没动静，我就问秘书人呢，他说郁亮在召开总裁办公会议，我就问怎么不叫我呢，本能就是要问，但马上又意识到，我今天已经不是总裁了。哎呀，这心态就不对了，抓耳挠腮，就是在这个房间里坐也不是站也不是，打电话也不是，干什么都不是，无所适从，觉得怎么都不对。

忍了三天，郁亮向我汇报工作了。我心想向我汇报工作了，我得听他汇报工作。

他说董事长今天向你汇报七点，第一点什么第二点什么第三点什么。我说你不用说了，因为我知道你第四点会是什么，第五点会是什么。但是你是错的，应该是什么应该是什么应该是什么，我就看到郁亮眼睛里一种很佩服的神情，就是我怎么能提前预知。显然我没有那种搞特务的习惯，专门安眼线这些事情我不可能做，我的作风他们都知道。那么他是我培养出来的人，他们会怎么想，他们会怎么讨论问题我一清二楚。

是吧，你看我参加不参加会议是一样的，你们讨论结果都是什么，我就开始纠正他们，哎呀，有一种个人的实现感，这种感觉很舒服。

结果第二次照样汇报十点，汇报一半就打住，你不用说我知道，我知道你会说什么，而且什么什么。总算是弥补了，你看，这人多聪明，不参加会议就知道他们在讨论什么，知道他们的问题在什么地方。

好，到第三次了。哎，我就发现不对，这个郁亮汇报时眼睛没光没精神了，显然不是在向我汇报工作而是在等着听指示，第一点是什么第二点是什么第三点是什么。我听着听着就觉得不对味，他就在等着我说什么然后去办。哎呀，这时候我就咬舌头，我要想说就咬着舌头不说，忍着。我也没有听见他说什么，最后期望等着我指示呢。我说了三个字"我同意"，没作新的指示没作评论。我就知道这事再这样持续下去，就等于太上皇在进行监控，就这种情况，你真的辞职也是没什么意义了。

我觉得我得找事去做，我要和公司疏离，我要远离不要影响它，去西藏就这么出来的。因为我有磁场，我在他们就一种感觉，我不在了你找请示也找不到我。我是这样开始我的登山的，当然那是个契机，也还有其他的原因，就是这样。

实际上就是说，我觉得中国新一代创业企业家很难，就是在这第二个阶段的时候。如何从亲力亲为到把自己拔出来，这确实要调整，我是经历过这样一个调整过程的。

后来，他们就逐渐习惯不找我。如果我再找他们，他们也会非常不习惯。所以有的时候就像看我表态，原来我在微博上表态，我会说我怎么看怎么看，就是以董事长的身份。你看我现在表态都非常清楚，万科怎么怎么样，就完全是这样。而且我之前打了招呼，说我要表态，和他们交换了看法之后，完全是以万科发言人的那样一个角度来说，而不是作为董事长要表什么态。

为什么有时候感觉有些企业的董事长离不开这个企业呢？我觉得最

主要的原因是这个董事长离不开折腾部下这件事。因为一离开部下被折腾这个事他本人就没实现感，一离开这个公司他就无所适从。董事长离不开公司一般不可能是部下不行的原因。首先公司做这么大，它的团队可能有局限性，但是一定是非常优秀的，不会离了他一个人就不行。另一方面也绝对不是说董事长这个人无能他离不开，无能他不可能把公司搞得这么大。有的时候，他离不开更主要的原因在他自己，可能是他的依赖，离不开这个企业，离不开这个团队，他离不开去折腾这个团队，离不开就是必须在这里才有他的实现感。

现代企业制度是一个选择，我只能从我的角度来看，觉得现代企业是西方基督教文化的一个产物。我有几个假定，一个是西方基督教产物。当然随着亚洲经济的崛起，也开始叫四小龙，为什么日本崛起，尤其是在四小龙最兴盛的时候，亚洲金融危机之前，就是新儒家文明曾经做一个新的解读。但亚洲金融危机之后，这种解读又开始削弱。中国现在又崛起成为第二大经济体，又开始一种中国的这种传统文化新儒家的角色解读。

这个都是一种假定，作为我来讲，就是从方法论上来说，我的假定是什么呢？假定现代企业制度是西方文明的一个产物。西方文明是基督教文明，当然作为我们的文化，亚洲的文化是源远流长，儒家文化源远流长，没有这样一个文化的底蕴，我们中华民族也不会成长到今天。但是要看我们谈的是什么问题，我们谈的并不是我们的生活之道、我们的修养之道。我们谈的是现代的企业制度，现代的企业制度是西方基督教文明的产物，这个是假定为前提的。

这个为假定前提，我也就是拿来主义。就是照搬，没有说什么。我没有讲说中西结合，那个说着容易做起来很难，我个人没那个本事。从方法论来讲我觉得比较简单，就是直接拿来用。但是，从另外角度来讲，我是个中国人，毫无疑问骨子里是中国传统文化，在文字表达上、在向别人诉说上我不会感到困惑。

比如说我觉得现在企业的制度化更重要。实际上西方基督教文明走到今天，我就把握了两点：一是个人主义；二是企业精神。因为我发现在表述上，它更多讲我怎么样，怎么对我最合适。我不愿意牺牲自己，非常清楚这是个人主义为前提的。这是中国恰好缺少的东西，很缺少。我们过去强调家族观念宗族观念，上面是天，皇家代表天代表着家族代表着家长，在他们下面是没有个人存在的价值的。实际上西方解放了，所以文艺复兴到现在就是肯定个人的价值。因为所谓的新教从宗教、基督教、传统天主教一直都在强调个人主义，强调个人的作用，强调个人的显现。实际你会发现，把企业放下不管我就登山了，登山我登到一半的时候，我不登山了，要去哈佛读书了，你会发现很多类似的事情。很多人说你到哈佛去干吗，我说个人修为。

但是从实际处理事情来讲，有没有东方色彩？当然有。我到底是一个中国人，我不可能完全跳出来。比如说我现在不大愿意再在公共场合露面。但说起来最起码优米网它是公开的吧，我为什么接受呢？人情。利芬是我的朋友，她这样做她自己的事业非常不容易。这是很典型的中国人的思维方式。要从西方那种文化来讲，不在公开场合露面了你何必呢？从这个来讲就是本质我还是一个中国人，处理当中无意流露出自己是个中国人。

搞企业的时候，在制度上、在表达上你不会有困惑。比如说制度、团队，比如说中国的亲情关系、人情关系，在万科我就做到了没有我的亲戚朋友。有一段时间我有一年不在万科，那时候我不是在外国留学，那时我不管万科，就在这个期间我母亲把我一个表妹安排到万科了，我回来第一件事就是把她开了。

我能做到万科没有我的亲戚，当然我走得比较极端，整个万科没有我的大学同学没有我的部队战友没有我的儿时玩伴。中国是讲亲情的，但我说我就能绝对做到这种程度。你想一个董事长还是创始人这样做，那自然郁亮他们下面都知道该怎么做了。在万科有不成文的规定，可以一个公司的人谈恋爱，但只要结婚，一方要离开万科。在万科制度上，企业文化上走极端就走到这种程度。

再一个来讲，在万科绝对没有请客送礼这一套。只要是能干你不用跟我拉什么关系，和董事长和什么人搞关系，这方面相对来讲简单一些，就是在万科我会执行这一套。所以我在哈佛、在其他的商学院和他们老师接触时，我发现最起码万科的一些制度和跨国公司差别不是很大。包括去过万科总部的一些跨国企业的学者，也感受到万科不像中国的企业。

为什么去哈佛

有人问我为什么去哈佛，不去牛津、剑桥、清华、北大？其实这个吧，也不是我想去哪儿就能去哪儿的。这些学校都没有邀请我，就只有哈佛邀请我了，所以我就去哈佛了。

也有人奇怪我为什么搞得那么辛苦，学得那么认真。访问学者嘛，混混不就得了。我是这样想的，我本身学历不高是第一，第二我比较好学，我愿意去学，想要学，有这个好学的习惯。去哈佛是自己感觉到底子是第一，还有那个备用的底子就是英语一直没有放，这是一个前提。另外你到外国学校环境中，也可以把语言关过了，这都是我想去哈佛学习的前提。

同时呢我一直在读各种书。基本是各种企业管理，文史哲这方面，一直还属于我比较喜好的，这样一个背景下又给我提供一个读书环境，那我当然非常愿意去哈佛。

其实我一直也有一个留学梦，只是这个留学梦到了50岁就不再做了。因为我到深圳时只有32岁，原来是想在深圳过渡一下，当时是1983

年，过渡两年当然还要挣点儿钱。再一个做企业我又不是很有兴趣，特区往哪边发展，自己心里也不是很有数。所以想过两年过渡出去，结果没想到一年一年就延续下来，一直没有出去。

这个梦一直做到50岁就不做了，就觉得留学和自己没有关系了，这是下一辈子的事。但是这么一个偶然机会，在北京的一次饭桌上，哈佛中国基金的执行主任问我有没有兴趣到哈佛去当访问学者，三个月、六个月、一年都行。我想都没想即刻反应，我第一说有，第二说一年。就这样当时决定了下来。

但决定下来之后，事后回忆觉得潜意识上还是有点儿没数的，主要还是因为不知道当访问学者去听什么怎么去交流，所以发憷，于是就用各种原因推脱，一直到秋季开学都没有去。秋季过了到春季开学还没去，理由就是说过完春节再去。

事后我才知道，实际上哈佛邀请我去，内部争议是非常大的，因为他们从来没有在中国邀请一位企业家，而且是没有什么学术背景的企业家。比如说作为有学术背景的企业家那是有，只要你是有学术背景的一个博士、博士后，虽然是做企业的但是你本身是有学术背景的，这样你的导师、很多学术界的关系都还是有来有往。就你一个中国的企业家，没有什么学术背景，当访问学者争议本身就很大，而且还整个一学期没去，第二学期还没去，他们就觉得你这个人到底来不来，在这种情况下我就觉得得赶快去，赶快去到那边再说。于是我就出发了。

当然去了之后，哈佛很多人就觉得我可能过不了语言关，因为之前这样的情况不少。去哈佛的一部分中国人，即使是学者，很多也都是哑巴英语，刚去的时候，只有简单应酬两句话，半年过去了也没多一句。

但是我在那儿每个月都有变化，让他们开始另眼相看，当然这个主要是过了语言关。我过语言关实际上过得非常辛苦，和一些很年轻的人一起在语言学校学习。我那里安排的这是第三个学期，第一个学期主攻方向是语言学校，就是在上午的8点钟到12点钟，这是在语言学校。下午的1点半钟到6点钟是在哈佛，当然这个时间回旋余地比较大，不是去听课是去听讲座。听讲座没有什么压力，也没有什么作业。

也有人奇怪我为什么不带一个秘书兼翻译。我为什么要那样做？我是在圆自己的留学梦，难道有人留学的时候带着翻译留学吗？那就不是一个董事长留学了。我不可能有这样的想法，所以到那儿一定有这样一个辛苦的过程。

让我最难受的就是处理人际关系

记得我20世纪80年代初到深圳，应该说是最令人兴奋的、令人激动的、令人难以忘怀的。实际上可以作为这堂课题目的就是1983年，就那种挑战、那种做法，那种大起大落大开大合以后就没有了。

但是就我的体会来讲，真正的挑战是如何处理人与人之间的关系，中国人际很复杂，处理人际关系是让我最头疼的。于是万科一直想要营造一种文化，什么样的文化？第一简单，相对于复杂，简单不复杂。第二是规范，规范不权谋。一些电视剧讲的都是权谋，但我们要讲规范不权谋。第三是责任不放任，就是这几条。

20世纪80年代在新疆当兵开汽车的时候，我患了胃下垂胃出血。在深圳每年有一次胃出血都是因为人际关系上，不是和上面的，而是和下面的人际关系，下面骨干不合，要不两人一块儿走要不留，这边是有他无我，那边有我无他，都是这样，你必须选择，选择之后两个人全走那种人际关系的处理。我觉得最头疼的最拎不清的就是人际关系。实际我们中华民族是相当优秀的，很可惜我们弄到窝里斗弄到内斗最后弄得一盘散沙，这是非常可惜的，让我最难受的就是处理这类型的人际关系。

1983年我为什么到深圳创业？我有个理想，如果我创建企业，绝不让年轻人走我重复的道路，我的道路是什么？必须忍辱负重十年媳妇熬成婆，等你熬成婆婆你再虐待新媳妇，她们忍辱负重熬，就一代一代虐待下一代。于是万科做企业，不让年轻人再走我的路。像有人想让人际关系是一个融合的状态，万科不是那样提倡，我们的提倡比较简单，是对人的尊重。对人的尊重很简单的概括，构成尊重的，第一是选择权，选择做什么与选择不做什么。既然我让你进来，你要有选择权，我们给他多种选择。因为万科跨地域经营，希望你到来以后接受这两年在深圳做，做过三年在上海做，再过两年到海南岛做，我们希望这种外调资源你可以接受。我告诉你之后，你可以不接受，如果不接受外调可能影响你的升迁，因为你没有外调的培训一直在一个地方影响升迁，如果没有外调经历的干部，基本上当不上第一把手的，双方都有选择，这就是选择权。

第二是机会均等。我到深圳时32岁，公司做到现在机会均等，没有我亲戚没有我大学同学没有我部队战友没有我儿时玩伴，如果有这样的关系怎么能机会均等呢？肯定会特殊照顾。

第三是隐私权。尊重他们的隐私，实际上就这么简单，但一定要做到，中国东方文化专职的不给人人权的，不给人隐私的，都引入部队的管理方法。你看很多中国民营企业家，都引用部队的术语来自豪，“运动战”、“打山头”、“强占”都是军队语言，实际上对尊重人不是很适合，在万科没有当兵术语，尽管我是当兵出身，尽管管理方法上讲奉献精神、团队意识很受部队的影响，吃苦耐劳当然是一定的，更多人文主义的东西实际上才是万科的文化，这是万科不同于其他企业的地方。

万科为什么能洁身自好

我在万科提的一些观点，比如不行贿、少应酬等这些个概念似乎跟目前中国的实际情况不太相符合，不太容易做到，那万科是怎么做到的呢？老话题就不用说了，不行贿，中国现在权钱交易、腐化、行贿受贿是很普遍的。但作为万科的制度是不允许这个的，这么多年也就这样过来了。

第二个就是商场上的这些应酬。比如说我们在北京，相当长时间一直业务做得不好。我们是1993年进的北京市场，进得很早，但一直业务做得都是十名之后，从来没进过什么前十名的。我们发现在北京为什么做得不好，不是因为你不行贿，是因为北京有一个老大文化。就是说你可以不行贿，但是你必须认老大，认老大是什么呢？表现在酒桌上，就是一定喝得酩酊大醉一定是要钻桌底下，对不对？就是这意思，这喝酒了就是好，但万科也不喝酒。

第三个人情世故这些事，万科也不讲人情世故。所以在中国，很多时候酒桌上你就得作出牺牲，显然这和万科的以人为本是有冲突的。所以万科现在正在号召，把我们的品牌质量做上去，做到什么程度？做到这种产品你不让进来就是遗憾，只要进来得让我们开条件。我们开的条件是想说，不要灌我们团队酒，我们现在和各个新进的城市的市委书记市长们开的条件是这样。不要因为我们万科的业绩上去了，股东回报好了我们的管理层都是脂肪肝了。这个事情，有的不能三言两语就能说清楚，但你总要可以把握这样一个方向往前走，是吧。

举个非常简单的例子，我一个城市的老总，一见面眼睛发直，我说你怎么了，他说天天都喝酒。显然这是和万科不一致的。但长话短说，你说怎么一致起来，确实它是个拿捏，你能做到是不容易的。最起码有一个我敢肯定，跟同行和非同行的管理层相比，同一身高从体重来讲，万科的体重是最轻的，不信可以普及一个调查。

以我为案例，我1983年到的深圳，那年是69公斤，1983年到现在多少年过去了，现在是68公斤。万科当然不能因为我登山就提倡登山，但万科是很提倡运动的。万科有从足球到自行车到长跑到赛艇各种运动，现在非常普及，可以说原来在万科的管理层，平均起来体重普遍降低5公斤到7公斤。就是它更多的还是对人的一种关注，企业要更多地注重这些方面。

在中国，实际上我觉得更多的还是一种习惯。很重要的来讲，大家都强调民主，强调环保，实际上我想自己有没有民主，你在你的企业里面是不是民主，环保你是不是从自身做起。因为万科更多强调的，就是洁身自好，自己要求别人的时候自己能不能做到，这点非常重要。

比如说我们探讨关于酗酒的问题，我们讨论的结果是最主要的不是外界，最主要的还是内部。因为内部也分了几个层级，总部、地区总部、一线公司，这个之间交往当中那要喝起来就更厉害。如果这个你都不能制止，说到你这儿抱怨地方政府就是和你喝，因为人家掌握权力你必须得喝，才发现最主要还是要从自己做起。

比如说想环保，也要从自身做起。现在你要给我一瓶矿泉水我基本是不喝的，因为从环保上来讲，矿泉水是最不环保的。大量的塑料瓶要一次性使用，那都是化石能源提炼出来的，这样很不环保。就举这样的例子，从自己做起，其实你会发现从自己做起挑战更大。

至于外界来讲，每个人都这样做了，自然而然这个社会就会发生变化，这是我想说的。万科为什么能够做到洁身自好，我想这就是原因。

渴望第三种交流通道

我在哈佛的生活，严格来讲很典型的就是两点一线，校园和租的公寓。但是一些活动还是参加的，要练习语言，你要熟悉当地情况。一个月我至少去两次礼拜，他们说哎哟你是基督教徒，我说不是。因为我要去感受这种文化，你可以不信，但你不能不了解。因为不了解你不信就会排斥，你了解之后才可以来对话，知道你为什么不信，也可以理解他们为什么信。

我觉得在美国有这么几种感觉。

第一，强烈地感觉中国现在发展太快，而且中国的影响力非常大，现在哪里都没法回避中国这样一个话题。在那个校园里就是这样一个现象，就是你谈什么话题都没法回避中国这个话题，无论你喜欢它还是不喜欢它，中国必须提出来，这是第一个问题，非常明显，一提就要提中国。

第二，就是非常明显地感觉到，在哈佛校园有很多大家，研究、治学非常严谨非常有影响力的大家，但他们对中国不够了解。显然他们的一些资料早就过时了，对中国现在发生什么变化，尤其是即时的变化，他们并不了解，这是第二个问题。其实不要说他们，就是我们作为一个中国人，在国外待半年你也不了解中国最新发生的事。

我还遇到一个非常有意思的事情。因为我还喜欢划船，在那里没有山可登，就划船。我遇见一个北大的人，移民20多年了，他也是喜欢帆船。他在北大学哲学的，在香港当大律师，就是代理这些在中国有业务的公司。和他对话才发现，他的观念完全停留在20年前，你想象一下这样的情况，当时我发现和他对话就很吃力。要是和他谈学问上的事情，当然这是他的长处，只好小心翼翼地听，你根本不是说和他有什么争论，这方面没争论，能听懂就很不错了。但谈到中国发生什么事，说实话他的观念还停留在20年前，这还是在处理中国业务的人。

在哈佛那个环境下，他们对中国了解是两个层面。

第一，像肯尼迪政府学院和发改委建立培训班十年，他们对这个中国官员的思维方式非常熟悉。一年一期已经十期了，是定期的，每期十个礼拜。其中四个星期在清华，六个星期在肯尼迪政府学院，每次都是两个副部长带队。他们对中国政府的了解很深入，这还不包括平时短期的交流，一个月、两个月的、一年的访问学者，非常频繁。就是他们对政府官员的层面非常了解。

第二，对我们主流的学术的渠道也非常畅通。像中科院，像北大、清华、复旦，访问学者交流非常频繁。

但是除了这两个主流圈子之外，很多这种民间发生什么情况，交流还是很不够的。中国现在太大了，新情况非常多，我在那里有非常强烈的感觉。对他们来讲，我完全是个另类的交流对象，就是和他们对话发现，他们觉得非常熟悉的情况从我嘴里再说给他们，我说的任何情况他们都感到非常新鲜。

所以我非常希望能够建立这样的渠道，让他们更多到中国来，不是通过社科院、北大、清华，也不是通过政府，而是其他的一些企业，其他的一些组织来中国了解情况。再一个希望就是除了政府官员系统，除了主流的学术系统之外，其他在民间的有影响比较活跃的，但是没有资格享受主流渠道的，建立这样的一个通道大家互相交流。

哈佛三代中国留学生

在哈佛我看到有一个汉白玉的貔貅驮着一个碑，这个碑是哈佛成立300周年的时候竖的，因为哈佛的历史比美国历史还长，是当时毕业的中国留学生送的。你可以想见那大概就是20世纪30年代，现在再过20年就是四百周年了。感受到就是说哈佛的留学生、美国的留学生对中国意味着什么？很有意思。

哈佛的留学生有三代。第一代是竺可桢他们这一批，都是学术的奠基人。第二代一隔就隔到了20世纪80年代了，因为我们1949年新中国成立后就中断了。20世纪80年代才开始官派，回来的都是现在的商学院院长和大学校长。最有意思的是现在的第三代，现在开始参与哈佛的裸奔了。哈佛一年是有两次裸奔的，在本科生大考之前，就是明天要大考了，今天晚上10点钟在那个主校园，当然也有研究生，但主要是本科生。

过去这么多年我们主要是这个观望者，中国留学生主要待在观众席当中，站在其中看着外国鬼子在裸奔。今年第一次有两个中国留学生参与到其中去了。我想说的是什么意思呢？从中国留学生的这种变化，你可以感觉到在哈佛的中国留学生，已经从神坛上降到了大众，就是已经不再是一种可望而不可即的位置。而这个恰好让我觉得，这才是中国的希望。

如果这些留学生仅仅还是精英还是尖子，那么中国要改变也是非常难的。我举这个例子说明什么呢？当然不仅仅是哈佛，像整个在常青藤的学校当中，中国现在在哈佛的留学生和学者是400人，MIT也是这个数，人数比较多的是哥伦比亚大学。在哥伦比亚大学，中国留学生加上访问学者是两千人。所以我觉得更多的是留学生出国之后再回来，这是中国明天的希望，因为他们出去之后观念自然就改变了，中国未来的希望还是在教育。但是中国目前现在这样一个教育体制，它还是有些不足的，在国内要希望能改变，我觉得是希望不大的，更多的希望还在这些留学生身上。

所以你在美国看那么多的中国年轻人在那里，感觉看到了中国的希望。

第三部分 回首珠峰

登了两次珠峰我没感觉新生，不就是你沿着人家的路登上去了吗？但我多少有点儿感到在哈佛是真的新生。

登山熬两个月，做企业已经熬了20年

记得2003年我下山的时候记者这样问我，王先生你觉得做企业难还是登珠峰难？从他发问的那种表情来看，我知道他的预设答案是什么，他预设答案我肯定回答说登珠峰难。为什么？成功企业家很多，成功企业家能登珠峰的就王石一个。但我的回答让他没有反应过来，我说当然做企业难，他一下愕然了，我给他解释，我说登珠峰我熬了两个月完成了，做企业我熬了20多年了还在熬。

如果说把做企业比作登珠峰的话，我现在做企业充其量在7500米的前进力上，离8844米的高峰还早着呢，甚至不是这一代人能完成的。做企业相当不容易，因为登山是个人爱好，尤其现在的登山运动，现在的经验，你去登山不会像你想象得那么难，主要是一个兴趣。做企业来讲因为它是个职业，职业能和兴趣结合起来固然好，往往你做的职业能让你谋生，但它并不让你感兴趣，比如说我个人对搞企业一点儿不感兴趣，相对而言选择行业中，我又对房地产不感兴趣，而且我也公开说过。

我记得七八年前，我的CEO郁亮告诉我说，董事长你以后不要在公开场合说你不喜欢房地产，他们说我们都来引导管理层员工如何来热爱房地产，董事长却说不热爱房地产，我听起来这也对，尽管心里不热爱但表面不说了。

现在我再告诉你那是七八年前，现在我很热爱，为什么？不是郁亮一席话让我热爱了，因为热爱不热爱是一回事，这是你的职业你要精通你要了解。七八年前，我开始有意识地从小亚细亚的塞浦路斯、伊朗学起，再往下面的像埃及、古希腊、古罗马、古拜占庭再往东方古印度，整个从城市发展史和建筑史，整个人类城市的溯源这样一步一步过来，我以考察的身份，每次都安排有东西建筑比较研究的学者一块儿来旅行，这样一趟趟走下来，看下来之后才觉得建筑和城市包容多元的文化，感知到建筑的丰富，所以才喜欢。

直面死亡而后生

1999年我在新疆登峰的时候是自己一个人上去的，那时候体会到濒临死亡的感觉，其实那时不是濒临死亡，是直面死亡的感觉。那次没上去，下撤的时候安全绳被飞下来的石头砸断了，有40多米，大概在65度这样的坡度，非常非常陡。没有保护绳随时可能掉进大冰裂缝，正好十年前日本下撤的女运动员白水就卡在里面没上来。

实际上冰山相当于河，它就是流动很慢。我在那儿一个人必须得过，怎么过？没有保护绳，那时很恐惧。因为当时风雪交加，我双腿哆嗦不敢走路，要自己镇定下来，首先腿不能哆嗦，哆嗦怎么走？冰爪卡在那儿，就会滑下去。怎么镇定自己？当时我脑海里出现举重运动员要参赛之前，教练兴奋他们的方法，啪啪两个巴掌，抽两个嘴巴。我当时没有教练在身旁，就自己抽自己，抽了三巴掌腿就不抖了。

再一个我和大本营对讲机还可以联系，第二件事我把对讲机关掉了，主队和大本营不联络了，因为如果和他们联络我就有意识让他们救我，他们救我要两天之后，因为我那个位置大本营上来要两天，两天之后能不能活着我不清楚。我把这条路给断了，置之死地而后生，必须不要有任何犹豫，这个过程走着走着我就觉得整个世界非常安静，雪也停了风也停了。40多米走了一个多小时，走过去之后风雪交加。实际上这个过程风雪都没停，只不过我的注意力太集中了，就是已经把外边的因素全部排除掉了。

过去之后我发现自己整个屁股这块都是湿的，因为后边冒汗，脊梁骨冒汗汇集到这儿。这就是1999年那次经历，那次经历对我的教训非常深刻，就觉得老天只给我这么一个偶然的机会让我活下来。实际上我不具备个人攀登的能力，如果具备的话，那样渡过并不是很难。我不具备自救的能力，就只有冒险过，在登山中，无畏的冒险可能付出生命，那次教训之后，以后任何活动中我都第一接受严格训练，第二完全相信教练说的话，教练让怎么做就怎么做。结果就是比较安全地保住自己的生命。

曾赌咒自己“再登珠峰不是人”

我之前说珠峰不再登了，就不存在孤独的问题了。经历多了，而且事业还在发展，心态的稳定和年龄有关系，和经历也有关系，你会越来越平和，越知道该怎么去做。这个和企业家成功有关系还是和年龄有关系，现在我不大清楚。

登山就是一个个人爱好，不是想象山高人为峰、一览众山小，都没有。我印象很深刻，2003年我第一次登珠峰的时候，登顶时能见度就20多米，雾气沉沉地飘着雪花，什么都看不到，下面有很多比你低矮的山，但看不到，而且你那时候心里想法也不是我来一览众山小，你在想自己能不能活着回去，无论如何我要活着，当时是这种想法。

对，登山从某种角度来讲就是让人后悔的一项运动，一进山就后悔，你总不能说你花那么多钱那么多精力去准备却不登了，你总得把它登完，还没登完就开始考虑下一座登哪一座山。为什么后悔？因为你从物质丰富的文明城市，到这样气候恶劣氧气都短缺的环境中，人非常难受，高山反应很强烈，第二天醒了你活着不活着都不清楚，所以一进山你就会后悔，觉得吃饱了撑的自己又到这儿来，如果能活着回去下次一定不到这儿来了，但是总是反复。

我记得我是从1999年登第一座雪山，一直反复到2003年我登珠峰。我记得很清楚，登珠峰下山的时候，我就赌咒说如果自己再来登珠峰就不是人，我咒自己。下到大本营记者祝贺我，祝贺我什么呢？说你是中国人年龄最大登顶珠峰的人，我一听我52岁登顶珠峰是中国人最大年龄这个祝贺就很不以为然，我昨天还在赌咒自己，今天就说如果我到60岁的时候中国人登顶珠峰纪录还是我52岁时候创造的，那60岁我自己来登，第二天就改变态度了，还是要再来登。2010年我60岁，正好2010年是上海世博会，为了配合上海世博会万科有个馆，为了万科馆宣传环保我提前一年。

2010年登顶珠峰的一共有四个人，实际上没到60岁，我这个纪录已经连续被几个人破掉了。其中第一个破的是黄怒波，第二个是王健，第三个是孙敏，然后我又上去，一个接着一个破，现在都讲80后90后，我说今天登珠峰的是50后。

喜马拉雅山的一公斤行动

珠穆朗玛峰我从南面从北面都登过，相对来说比较有发言权。因为北面是这样的情况，差不多新中国成立之后就没开放，到20世纪80年代才开放，我们封闭的20世纪50年代初到80年代是南边开放，就是尼泊尔开放，所以尼泊尔一直在登山。在20世纪80年代，随着中国改革开放，北面那边的登山也开放了，我第一次去是1997年，到上一次去是2007年，中间隔了十年。到那儿你可以感觉到，原来去的大本营，登山期间是挺热闹的，有20多个队伍，20多个队伍就是帐篷扎堆，一堆一堆的。但是十年之后光为了这些登山队伍来提供配套的，就是各种设施各种临时设施各种帐篷就非常多了，那个塑料袋、垃圾到处飘荡，感到这个环境和十年前相比差别是相当大的。

这是在大本营，在登雪山过程中，在各个营地看到很多废弃的帐篷、废弃的绳索、废弃的一些空的金属制品，尤其像空的氧气瓶。一个氧气瓶本身装上氧气是四公斤，氧气用完了之后它也就两公斤这么大。像这样的氧气瓶越往上遗弃得越多，一般来讲是7500米才开始吸氧才用那个氧气瓶，用完了就直接扔下来，一路一直到顶峰，8300米到8800米一路上你看到的都是扔的空氧气瓶。

这个过程中我就得到消息，在尼泊尔那边说，日本有一个登山家发起清洁中华峰的活动。就是在北坡有系统的清洁，南坡也开始组织了一次两次。我2010年在尼泊尔那边登山，原来印象当中他们因为已经连续组织多少年，应该说那边的情形不错，大本营是不错的，很干净。大本营是在4600米的位置，实际上登到南坡接近营地的时候，一个是前进营地，前进营地在6200米的高度上，当然那个污染当时让我感到很意外。因为我印象当中他们清洁得很好，每天总是清洁，后来发现尼泊尔主要的清洁活动停留在大本营，再往上让我感到震惊的就是到突击营地，基本上那个营地就是被垃圾覆盖，上面一层垃圾，有各种东西。

当然看着它你没有思想准备，等于你这帐篷是搭在一个垃圾场上。这个垃圾相对而言，它不是城市的那种垃圾场。据统计，人类差不多登珠峰五十年了，在珠峰两边垃圾有七百吨。还有明显的一个指标就是，二三十年前在珠峰大本营测试融化的雪水当中，大肠杆菌是在允许范围很低的一个指标，现在大肠杆菌已经到了一个你喝那个水随时可能拉肚子的程度。

但是我们知道喜马拉雅山珠峰，流下来的那就不仅仅是我们长江、黄河发源的水的一部分，印度斯塔路到印度恒河那边的发源地，也和这边是有些关系的。

这些病菌都可以顺着这河流的源头，渗透到各个大江大河里。实际上这个水源的源头污染已经是到了不能再忽视的程度了，所以我们发起了一个零公里行动，所谓零公里行动都要讲多高多高嘛，我们先从自己做起，像那个垃圾，我们自己就把它给带出去。所以当时我们在登南坡，我们登山那个国际队讲环保是很知名的一个队伍，那个队伍的创始人叫罗塞尔，是个新西兰人，本身是环保主义者，所以对我来讲他环保做到了极致。包括我们除了小便不带下来，大便处理之后，都要自己带上塑料袋，打上除臭剂，等等，放到自己的背包里都要带下来，那更不要说其他的废弃物了，都要带下来再分类。

当时空手下山都够呛，还要带那么多垃圾。支撑我们把这个弄下来，还真是需要点儿力量。

当然，主要是精神，他要求这样嘛。带大便那是有限的，更多的是有心。你吃方便面，那外面的塑料包装塑料纸就随便扔了，实际上它降解是需要几百年的。你把它拿下来，这个也不是很重，意识非常重要。真正很重的东西是氧气瓶，氧气瓶带回来你还可以卖钱，一个氧气瓶可以卖四百美金的。但你扔在那儿它就浪费了，不但浪费，它在那儿是一个污染物，你把它带回来还可以循环使用，所以这是一个很重要的观念。

北边我们是花钱组织了西藏登山学校的年轻的登山家，到7500米以上去拾捡这些，我们一共捡下来150个。当时捡下的垃圾差不多有3.5吨，完了再进行分类，把很多能带回来的全带回来了。正好2010年是世博会，我们就把氧气瓶做成了装置艺术放在世博会上，把它做成像一个藏传佛教里的转经筒，让大家关注，因为我们推广的另一个东西是城市垃圾分类。现在珠峰污染也很厉害了。

当时这么做实际上是一种姿态，因为你不捡那些垃圾，你也处在很危险的程度。但你把垃圾带下来并不是额外给你增加风险，不过是麻烦一点儿。并不是说我是冒着生命危险把它带下来，也没到那种程度。本身冒生命危险是登山，上去下去都很危险，既然要作为一种环保行动，叫姿态也好，不会因为额外再给你增大生命危险的负担，完全没有。但是你注意一下和不注意一下是完全不一样的。

登山是兴趣，人生无法设计

登山不是一种信仰，是人对自己不满足，盲人不可能，但我要做盲人可能的事情，让自己的生存与众不同。第一个还是要有兴趣，还有是自我不满足。很多人讲你王石有钱当然可以登上，我没有钱。其实如果你真的喜欢不但不用花钱你还可以挣钱，高山向导都是我们给他们付钱的，所以我觉得兴趣是第一的。你不要把它看成是非常严肃非常认真，它就是个游戏，喜欢就去做，登一座、两座、三座，不就登几座山吗？七大洲听上去好像不得了，实际上最难登的就是珠峰，珠峰上去了其他相对就容易多了，就是你的时间和兴趣问题。

人生需要计划，登珠峰后很多人问你是不是小的时候就想登珠峰？我说没有。那说你的梦想是什么时候开始的？我告诉你们，我想登珠峰的梦想是2002年才开始，怎么开始的？因为这么几个节奏，登上第一座雪山的时候觉得很神圣，登雪山是专业队员做的，我们上去之后觉得自己真的是伟大得不得了，于是还想再伟大点儿，第二座雪山高峰进去就后悔了。2000年的时候我登了7500米的章子峰，这个成功之后对我是非常大的转折，因为5000多米、6000多米和7500米的概念完全不一样。我记得很清楚，7500米就是珠峰北峰，到了顶峰去看着珠峰，那是登山季节，登珠峰的人在登山道上就像小蚂蚁，想也不敢想我将来要登珠峰，这个珠峰太高了。

章子峰下来之后我暗暗给自己定了个目标，中国登山运动健将有两个指标，你达到一个就可以去申请。一个是登上一座8000米的山峰，再一个是两年登上两座7500米的山峰，我2000年已经登上了一座了，2001年我50岁的时候，我再登一个7500米就可以申请运动健将了。我给自己定下目标，50岁的时候我给自己送个生日礼物，生日礼物是登山运动健将，8月份上去9月份申请10月份就批下来，批下来运动健将这个珠峰是不是可以考虑一下。珠峰，就伸向七大洲。2002年登的是最容易的七大洲中的最高峰——非洲的乞力马扎罗，北美比较难的是麦金利。2003年我就登珠峰了，珠峰下来其他就很快，2004年就登顶完成了。所以人生当中很多是没有设计的，到某种阶段对你来说有困难的时候，你不妨设计一下。

当然不设计不代表没有规划，但不要超常规地规划，规划自己成为一个伟人，这就很难实现的。我觉得现在能成为这样也是带有很大的偶然性，原来我想还是要探险探险再探险，现在就不一样。但是你总得有一些东西要储备，总得储备很多知识。可能你觉得你工作很不如意，但是你认真对待它，就把它变成了你宝贵的经历，认真做不认真做是不一样的。我的体会是到深圳创业之后，我之前任何一段经历都是对我的补充。比如我当五年兵，当的第一年我知道我不太适合当兵，而且对完全服从命令的氛围我是非常不习惯的，尽管难受，我也当好兵，非常认真地去做。到深圳时发现，创业很多时候有部队的影子，团队精神、奉献精神、吃苦耐劳，那个时候创业不像现在环境这么好，那时候住工棚，食堂没有多少钱，吃的是快餐方便面，没有盒面，是硬纸包，咬着方便面一杯温水就算一顿饭，因为我在新疆当过兵，所以觉得这个很正常，在别人看艰苦得不得了我看很正常，部队的经历对我来说很重要。

当然到部队来讲怕苦不愿意配合娇滴滴，当了三年兵你反而一想到和当兵相同的情况你就反感，可能现在年轻人不一定听得下去。实际上现在独生子女有独生子女共同的一些特征，比较自我，不讲团队配合，自尊心比较强，反而你能把自我变成多包容一些，娇生惯养但来吃些苦，这都是最基本的一些东西，可能都变成你的竞争优势。应该说现在的机会是非常多的，从我来看你们，我看是机会多多了。

人生贵在分清目标和结果

每次经历挫折和失败的时候，第一要反思你的目标不要太高，因为我觉得从我的总结来讲，我们很多人把这个过程当成目标了，或者是把结果当成目标了，这个是普遍的问题。作为我来说，比如做得这么好，我没有想到，刚才只是说我遵守我的一些原则，遵守到这些原则你发现越来越形成竞争力，既然形成竞争力咱们更要坚持，不是说为了做大做得非常好我坚持，我为了这样的目标这样做。

生活当中，你的生活追求什么？比如说大是目标还是结果？我想问问，比如你要做大，做行业老大，这是个结果还是个目标呢？谁来回答我一下？既是目标也是结果，在我看来它只是个结果，为什么这样讲？首先原则不是做大做小，不能为大而大，在企业面对竞争时，你的核心竞争力是什么？核心竞争力你只能当第三，第三也不错，核心竞争力说你只能做老小，老小也很滋润。把你的目标和结果弄错了，因为对你来讲，应该说你能形成你的竞争力，持续的竞争力是你的目标，不能把大当成目标，大当成目标的话，追求一定会扭曲、一定会走形。

所以，我觉得年轻人，尤其成功的企业，走到某种阶段，突然发现实现的目标是什么？往往他目标不清楚，和很多一些很困惑很成功的企业家交谈中我发现，他们的很大的问题在这儿，结果和目标他们混为一谈，很苦恼我做大做不大怎么做？没有这种能力做大你怎么做大？做大你说我没有能力了，再看看做大的我为什么能做大。就算带有一定的偶然性，但是偶然性是你得坚持。

第二个，我发现实际上真正做大的东西，成功的企业家，往往表现是什么状态呢？我能。让你这样做，你能不能？我来示范你，我发火是有原因的，你怎么这么笨，我恨不得打你两耳光，你示范一次，后来你发现你顾不上了，真正成功的企业家是资源整合，互联网时代正是资源整合的时代。

要想这就是我的能力，就做，我挣得就是比你强，谁来竞争我就把谁灭了，这是我的目标，这很好，再灭几个最后自己也被灭了。这是很关键的问题，当目标和结果混淆了，你就永远弄不清你人生的目标到底是什么了。

生命的意义是活着

你说生命的意义是什么？它的意义就是活着，就是它要顽强生活下去，通过它的DNA的遗传一代一代这样。在那么恶劣的环境下，外太空我们是从天文学知道的，地球适合生长生命相当具有偶然性，当然从概率上来讲，这个宇宙当中其他星球一定也有生命。一方面地球上的生命是很脆弱的，另一方面我们也在试图发现，当外太空比地球很多恶劣条件要更恶劣的时候，地球上的生命是自己诞生的还是外来的。

在这里提出一个问题，生命的本身的意义就是存在。在那种环境条件下，你可以很容易得到这个结论。当然为了怎么存在你会注意到另外一种现象，比如在西藏它的夏天是非常短的，但你会发现西藏草原上的花开得是非常烂漫的，颜色非常鲜艳，是很吸引你的。再注意你会发现它的花期非常短，就是它在不到40天的时间内，要从发芽、出叶、开花、结果到繁衍后代。所以在西藏那么美丽的野花的草原上，你可以感悟到生命曾经灿烂过，和刚才所得的那个结论又不太一样，但它还是为了存在。因为它是不允许有时间耽搁，所以依靠这样的鲜艳来吸引昆虫传播花粉。这个让你感悟到生命的长短是相对而言的，苔藓长指甲盖那么一点儿地方需要一百年的时间，它只是为了存在。

但是这个野花烂漫地开出来，要在40天之内发芽、开花、结果完成它的生命过程，这也是一段时间，所以让你体会到生命的长短是相对的。比如说海龟平均年龄150岁，差不多比我们人类要多一倍。我想问你会选择海龟生活呢还是选择人类呢？我想从概率上答案一定是非常明确的，99%的回答会选择人类，不会因为那个可以活150岁就选择海龟。生命长短是相对的，无论如何你是一个过客。

我到任何一个地方，都要照几株植物、树木，把它们发到网上让大家来欣赏。

这里有两层含义，一个是你注意到的对生命的一种关注。实际上它多少有点儿训练的方法在里边，从植物来讲，从一种科学来讲，首先是分类史，你没看到我一定要把它弄清楚，它是什么科什么属什么目的，中国传统没有这一套的，这是西方的方法。我又是一个没有留过学也没有在外国生活过的人，就我来讲是通过对生命的关注同时还进行分类学的训练。因为中国很容易就是一个似是而非的玄学，我觉得是科学精神很重要，但是中国这种基因是缺少的。对于这些植物来讲，你可以说它很美丽，从这个角度看，也可以从更多日常生活考虑，你会发现是从林带开始植物，就植物分类你才到现在的分子生物学，从DNA到了这样一步对生命的解读，植物是很明显的有意识的分类。

实际上知道我的博客也好，微博也好，社会上有一些人在看，但我知道万科很多人在看。我经常谈植物方面，不仅仅是自己的兴趣，自己从这方面的训练，还是要告诉万科人，我们做住宅不仅仅是住宅，还有住宅的环境。住宅的环境植物是最重要的，显然我们现在对植物上的认识，对植物上的配置，怎么样让这个小区有更好的一个生机盎然的生物王国，我们做得是非常粗糙的，这个是给出信息的。再一个我们万科现在规模发展这么大了，下面要解决这个课题，应该说作住宅研究，住宅从空间从布置从建筑材料从结构从环保这些方面已经是比较专业了，但是在居住环境的植物，研究应用方面现在应该说才开始。我们只做了一些开始的工作。

无论是在日本、美国还是欧洲，我一定要去墓地看看

这个中西文化的比较你会感到差别是非常大的。因为我记得第一次去瑞典，去的是斯德哥尔摩郊区的一个公墓，为什么去那个公墓呢？那个公墓是20世纪初建立的，但是被列入联合国世界文化遗产。我当时很好奇，一般遗产一定要有相当的历史，像长城、故宫或者罗马斗牛场，这是历史文化遗产，怎么一个埋死人的地方还没有百年时间就被列入世界文化遗产？去了之后给我的感觉非常特别，虽然是个墓地，但是周围环境尽显自然之美。如果埋在那里的话，你会有他们像在天堂旁边睡觉这样的感觉。整个营造的森林、墓地都不明显，森林中间的一些小空地上，一块块平躺着的那些墓穴，让你感到是你随时想去的地方。如果你要离开这个世界，这里将是一个很让人向往的地方。

我还去了莫斯科的新圣女公墓，发现那里很多墓穴前面都是个雕塑，雕塑这个人生前的一种姿态。我不记得那个人叫什么名字了，是一个很有名的叫什么娃的跳芭蕾舞的舞蹈演员，她穿着那种《天鹅湖》、《小天鹅》那样的装束呈现跳舞的姿态。还有一个很有名的戏剧演员，就是小

丑装那样的。你感受到本身到这里头是一个人生大舞台，是个雕塑墓园。

最有意思的是赫鲁晓夫，可能现在的80后都不知道赫鲁晓夫是谁，我们那时候都很清楚他是苏联的总书记。他在联合国社会主义和资本主义对抗的时候脱了皮鞋敲桌子，是联大讲演上很有名的苏联总书记，在他执掌期间中苏关系破裂。

最有意思的是，他的墓地是一个头像，头像是大理石的雕塑。头像是一个大理石的框框起来的，像一个镜框一样。然后头像一边是黑大理石一边是白大理石，你也很好奇为什么雕成这样？后面的故事是，在20世纪50年代，苏联曾经搞过一段受西方影响的现代艺术，赫鲁晓夫怒斥当时的艺术家协会主席，并把他给撤了，这个艺术家协会主席就是个雕塑家，但是赫鲁晓夫临终之前写的遗嘱上，就是来委托这位他撤了的艺术家协会的主席给他做墓地雕塑的。碑一边是白的一边是黑的，赫鲁晓夫他这个人生就是这样的，一面很成功，一面很失败。这件事的委托人是他，换句话说起码他临终的时候悔过了，重新反思他的所作所为。

去了这些地方，你会发现东西方的墓地区别在什么地方。我们都知道中国的墓地，基本上除了清明节去祭拜平时不去那个地方，除非演电视剧要去墓地，现实生活中是很少去的。但是西方生死之间是对话的，不是这么截然分开的，它是墓园，但是是你随时想去的。再一个它是对话的，而且是和亡灵进行对话的，而最重要的是，它表现的不是死亡，是对生命的赞美。这是中西方对于死亡态度非常大的区别。

还有法国的拉雪兹公墓，我当然也知道。为什么呢？我们20世纪50年代长大的人都有共产主义情结，《巴黎公社》最后那些遇难的抵抗的巴黎公社社员就是在拉雪兹公墓，在那儿有一道墙，他们最后顽强抵抗被俘的是在那儿枪决的。我是为看那座墙去的。

但中国的墓地为什么要把生死这样截然分开，并且在形象的外观上，弄得大家对它的亲近程度那么低呢？我觉得是一种对死亡的惧怕。我觉得我们这个民族在退化，实际上你要看中国古代的书，看春秋战国的时候庄子对死亡的态度。现在不知道我们怎么是进化到这个样子了，完全是回避死亡，所以好死不如赖活着。

我的字典里没有妥协二字

第一就是说原来不包容，就认为自己是对的，就认为自己代表真理。实际上你认识到并不是这样，你只不过是其中的一种观点，而这种观点未必合适，这是第一个认识，对自己从某种意义上来讲是一种否定。

第二，既然你不是代表真理，你不绝对正确，那你显然要更多接受别人的意见，理解别人是怎么想的。

我只是其中的一个，但往往你搞一个企业很难认识到这一点。因为一个成功的企业它形成一种磁场，本身你就是绝对权威，错的对的大家都听你的。再者因为你调动了整个资源，明明是错的最后也对了，并不是你的决定对，是因为你那个资源到那儿，它没办法，所以因为你这个错误的决定它失败了，那你这个错误的决定它没有到失败的程度就还是成功的，就证明还是老总对。

所以在这样一种氛围中，一个成功的企业中，很容易形成自以为是，很容易形成刚愎自用，很容易形成不听别人意见，这是我的体会。但如果你还封闭在这样的圈子当中很难体会到。我记得2004年加入阿拉善，阿拉善这几年当中，因为都是各行各业的企业家在一块儿，在一块儿谁听谁的？在一块儿就吵架，都像我一样，那怎么办呢？那就得妥协。从被动来讲都得妥协，咱们既然在一块儿做事了，既然大家都是头头那听谁的呢？那第一得妥协，第二按照一套程序，从罗伯特艺术围城这样的形成你会发现，是在这个当中慢慢形成主义。什么叫民主？民主的本意本身就是质疑的，民主本身就是没有绝对权威的，民主本身就是不允许，让位就是所谓的这个本质统治它是另外一种东西。

记得选我当第二任会长的时候我就说了，我到深圳去创业，我的字典里是没有妥协二字的，但是加入阿拉善我学会了妥协。当然我觉得这个妥协对我来说是一个进步，不是被动地说这个社会不能容我，我怎么样怎么样。就是说主动的妥协是一种包容，被动的妥协那不就是求人吗？那你要说这样的那以前的例子多了，因为你不是主动地去认识那是一种妥协。像一些人先别说政府了，就是你的部下他想离开公司而你不想让他离开，你得找他谈话，你得说好话，说了半天最后他也不一定留下来，求和不求有什么关系呢？我不知道这个可不可以理解为求人。再一个你要办某种审批手续，有的领导说你部下去就行，有的领导说王石你来。你也知道政府官员也有你对眼和不对眼的，不是说政府官员多好，也不是说政府官员全坏，政府官员也有你对眼的，你对眼的当然不用求办什么事，大家都愿意在一块儿吃饭聊聊天。但是不对眼的，他又掌握了权力，你办事得通过他，他点名让你王石去，你去不去？那肯定得去。你去了要不要说好话？当然得说好话。你说好话，是不是违心？当然违心。不能硬巴巴地说就我不求人，那是不可能的，但这是被动的。

我也害怕丧失追求的动力

真善美，我是这样看的：实际上这就是对生命的态度。在成功之后，有时候突然你才认识你的缺点很多，你太自以为是，很多你认为讨厌的东西你自己身上都有，所以自以为是，以为自己就是绝对权威，绝对权威就是一言堂，你会发现你比别人强不了多少，我更想说是加入了阿拉善外界对自己的影响，要妥协这才是你的一个提高。当然主动妥协和被动妥协是有区别的，阿拉善是我主动妥协的，你不妥协你可以不当会长，不参加那个组织可以辞去会长，你就可以不受那个约束了。

说到完善，真的不敢说完善。哪儿完善呢？但是正是因为意识到自己有恶魔的一面，所以才觉得制度是重要的，你才觉得是需要约束的，首先约束的第一个就是自己，实际上我是不时地在物质面前挣扎的。当然，你想怎么可能？你就是做了几百亿元，你看我公司做到1000亿元我很兴奋，很多时候自己的家产都是几百亿元，你怎么能没有什么想法呢？当然会有一些想法。

但是彻底解决这些问题是不可能的。看你怎么去认识它，最基本的生活态度决定你到那里去了，但你也不会怎么样。这个是一直会有的问题，不是说我马上再有多少钱。什么叫生活态度呢？最起码要把握，就是你的生活已经是很好了，你想做什么事情也不是很困难，要让你的家庭生活较为满意，不能让他们很满意，较为满意你也做到了，那你现在的钱都要做公益，有更多的钱也会去做公益，这个状态你不会改变了。但是也可以这样说，是公司发展到现在这样决定的。刚才讲持续稳定的才开始，就要出现效率，作为管理团队就不是我一个人，他的收入待遇会越来越高，我也抱着期望，也希望这个越来越高，实际上我对自己约束其中很重要的一条就是，很担心我会失去控制，如果我现在的财富够我们家人两三代都用不完的话，那我现在就没有这种动力。

比如说现在有100多亿元，这是你的财产，难道你接下来剑桥也不去了，牛津也不去了，哈佛也不去了，不再看书了不再追求不再奋斗了吗？

要点不在这儿，剑桥还会去牛津还会去，但更多来讲你奋斗的压力就会少一点儿。不要把我当成一个很神圣的人，我不是。首先我是个物质主义者，物质主义者成不了思想家。我成为一个企业家，企业家无非是两种思维方式，一种首先变为自己，因为是有控制权，并不是说自己所有的都要有控制权，你的股权是60%，意味着60%代表的是财富，再一个更多代表的是表决权。作为我来讲我不要财富，不是我不要财富，实际上我表示我的一个信心，我不是靠60%、靠51%来掌控这个公司，我不是靠这个，有控股权是凭我的能力，这本身是自信心。

另外一个就是你突然钱很多了，会容易失去动力的，失去动力会怎么样？我们只能假设，难道你就不会去了吗？我不知道，因为财富多少它会起着根本的变化。另外从某种角度来讲是我的野心，就是个财富英雄者。我觉得和我部下关系是不大一样的，凭什么给你王石卖命？凭什么给你王家家族卖命？那不是，我是个创业者，是个创始人，但是你看到了，分的股票我放弃了，我和你们一样，如果那个股票我不放弃，现在我应该有一千万元。我不知道多少，那一千万元现在股价也就一个亿。说句不好听的话，现在一个好房子贵一点儿都上亿元了，但是我的尊严在什么地方呢？我的尊严就在我绝对不会挪用其他的钱去买我追求的房子。我不追求并不等于我家人没有追求，我觉得尊严是体现在这里。而不是说你钱多了就没尊严了，当然有尊严，当然还会接着去学习。你会完全不一样，因为钱多，我那时候讲钱就是个数字。但对我来讲钱不是个数字，多少钱它就是买个什么东西的，有多少钱能做什么事情的。

下一个目标

首先，我应该说做企业搞得好不好现在还在延续，大家目前认为好，实际上从历史上来讲，30年、100年之后再评价现在都是过眼烟云，所以能不能好，能不能持续下去成为一种范例才是我现在应该在意的事情。像二战之后的索尼、丰田、松下这样，能不能像韩国的三星这样，在30年之后再评价，那时候才更准确一些。所以现在是不是这个企业就搞得很好，只不过现在它还在做，现在还能被大家认可，仅此而已。

第二个登珠峰，我来概括就是说登珠峰挺难，但你是作为一种爱好去的，不像你想象得那么难。登珠峰首先就是实现个人那种野心，一般有你一种实现感，一种我能，你能吗？更多还是一种个人英雄主义表现。但很重要的一个就是一种兴趣，兴趣在这个地方。

第三个因为我自己对设计有一个设计，我没想到去哈佛学习，但我很想到大学进修一下，只不过是哈佛邀请了我。我原来有设想，我50岁到60岁就得登山，60岁到70岁的时候作为中国民营企业家到各处去讲演露面，这个基本就是说要退出这个舞台了，这已经不是你玩的舞台了，因为不是你愿意不愿意，抛物线它应该是往下走了。

另一个就是你个人的实现感，你个人如何是对你积累的一些经验有个交代，更多是到大学里去，不是到那儿去讲演，像今天我讲完了拍屁股就走了。更多的学生是带有课带有分带有考试的，所以你要备课，要对他们负责任。所以原来我个人设计，60岁到70岁就是本人的设计。所以现在我已经在香港科技大学教一年书了，现在也是受聘，试了一年之后，他们还继续再聘用我，又签了两年的合同。就是从今年到明年两年，讲企业伦理。现在是刚结束一个学期，也就是上个月，我刚刚接受光华管理学院的邀请，当然光华先是试聘的。我现在在哈佛，实际上就是个人修为。我总是说自己还要去哈佛进修两年，这样再去讲课自己更有点儿底。

所以没有怎么说登的第三个高山。但是我在哈佛的一年，确实觉得比登珠峰还难。刚才不讲了我说的几个阶段吗，第一学期是感到脑袋累，第二学期感到眼睛累。因为我已经开始正式听课，第二学期就是上午听课，下午在英语学校。因为那儿听课的全部都是上午课程，要读大量的资料，不像听讲座那么轻松了。当然不读资料你跟不上课，你要跟着一课一课那样听。如果不懂资料，你听课的时候，老师一看你，你就会低下头，怕他问你问题。

到了第二学期还是这样，到第三学期相对放松一些。但你要知道学习语言这是个工具，这不能说你语言过了关，你能用英文听能用英文讲了，这不是目的这是工具，你真正的是再去学习。我最大的体会是，原来很明确的东西，突然到那儿真正要学时发现很茫然，觉得这也想学，那也想学，又觉得这个是多余的吧，那个也觉得是多余的。也有点儿像刚选专业，万科多元化和专业化的时候，这个过程当中我很困惑。不像你说我就搞房地产，其他的都不做，我不知道应该选哪个。

比如说我现在听的最津津有味的就是《现代战争起源》。《现代战争起源》指的就是一战、二战、冷战，冷战结束之后，最重点的是讲最近30年。题目一开始就讲，你认为民主国家比独裁国家更倾向于和平吗？回答非常简单，民主国家更容易发动战争。不信，很简单，统计学上最近30年的战争全是美国发动的，它是一种方法论，来让你怎么来思考。

在那里你觉得需要学的东西太多了，这个才是开始。所以这是对我真正的挑战。登了两次珠峰我没感觉新生，不就是你沿着人家的路登上去了吗？但我多少有点儿感到在哈佛是真的新生。

图书在版编目（CIP）数据

成功是和自己的较量：王石哈佛问道 / 优米网著
. -- 北京：北京联合出版公司，2012.6
ISBN 978-7-5502-0820-9

Ⅰ. ①成… Ⅱ. ①优… Ⅲ. ①成功心理－通俗读物
②房地产业－企业管理－经验－中国 Ⅳ. ①B848.4-49
②F299.233.3

中国版本图书馆CIP数据核字(2012)第124875号

成功是和自己的较量：王石哈佛问道
作　　者：优米网
责任编辑：徐秀琴
策划总监：李耀辉
产品经理：阎文哲
特约编辑：王　叶
封面设计：亿点印象
版式设计：刘珍珍

北京联合出版公司出版
（北京市西城区德外大街83号楼9层　100088）
廊坊市兰新雅彩印有限公司印刷　新华书店经销
字数124千字　710毫米×1000毫米　1/16　11印张
2012年7月第1版　2012年7月第1次印刷

ISBN 978-7-5502-0820-9
定价：32.00元
